江上的春

过 竹◎著

广西民族出版社
Gvangjsih Minzcuz Cuzbanjse

图书在版编目（CIP）数据

江上的春 / 过竹著. -- 南宁：广西民族出版社，
2025.7. -- ISBN 978-7-5363-7866-7

I. I247. 7

中国国家版本馆CIP数据核字第20257T168Y号

江上的春

JIANG SHANG DE CHUN

过竹 著

出 版 人：石朝雄
责任编辑：杨燕琳
装帧设计：林武圣
责任校对：孙 书
责任印制：张东杰
出版发行：广西民族出版社
地址：广西南宁市青秀区桂春路3号 邮编：530028
电话：0771-5523216 传真：0771-5523225
电子邮箱：bws@gxmzbook.com
印 刷：广西彩丰印务有限公司
规 格：787毫米×1092毫米 1/32
印 张：7.5
字 数：116千字
版 次：2025年7月第1版
印 次：2025年7月第1次印刷
书 号：ISBN 978-7-5363-7866-7
定 价：45.00元

自　序

我一直在做着文学梦，更是希望能一直写写小说，说点梦话，抒点情怀。

我十分珍惜我的第一次文学表述，处女作《我有一支苗笛》有我的影子。

1982年6月，高考预考没上分数线，没能取得参加高考的资格。而在来南宁之前，我是三江侗族自治县重点高中三江中学的学生，不敢说是高才生，成绩也还算过得去，考上大学须努把力，但考个中专应该没问题。那个时候的中专也很吃香，一毕业就能成为“国家干部”。

1980年8月，父母因工作调入南宁。我怀着能够进城市的喜悦，匆匆忙忙决定转学到南宁市第八中学，由于种种原因，我没能考上大学。而班上一位女同学，同样是父母调去南宁，她却留在三江中学继续读完高中，在三江参加高考，并考上了大学。

我是一个很容易陷入梦境的人，我也常常成为梦境里的角色。在不多的作文练习中，我几乎把作文当故事来写，有主线，有情景。记得在象州县象州公社十里大队花山生产队小学读书的时候，老师出了一道名为《难忘的一天》的作文题目，我写的是金黄色的小瓜虫。那一天，我在为小瓜虫在冬天没有棉衣穿而发愁。在象州县象州公社五七中学读初中，老师出了一道名为《我的家乡》的作文题目，我是以童话的体裁写作的，主人公是一只南来北往的小燕子。

1983 年 10 月至 1986 年 7 月，我只写了 10 多万字的小说，大半还是原稿。很遗憾，在 1986 年 7 月完成小说《河魂》之后，我就放下了写小说的笔。

其实，在 1985 年，我就开始尝试着做研究、写论文了。

没能考上大学，父亲对我应该是相当失望的。那个时候能上正规大学读书的路子很少，而各式各样的函授、刊授大学倒是很多。父亲帮我报读中国民间文艺家协会办的刊授大学。入学前要交一篇习作，于是，我便写了篇关于洪水神话中葫芦兄妹的小论文——《"葫芦"说》。

没想到这篇小论文被作为优秀学员习作在《民间文学论坛》1985年第6期上发表了。之后陆陆续续写了几篇论文，其中《苗族先民思维的认识建构——〈苗族史诗〉探微》发表于《贵州社会科学》（1987年第8期），其他论文先后发表于《广西师范学院学报》《中南民族学院学报》《民族艺术》《贵州民族研究》《广西民族研究》等学术期刊。

搁下写小说的笔，最主要的原因是文学没法给我饭碗。转向从事民间文学、民俗学、民族学的研究后，我却有了改变命运的机会。若是继续写小说，估计现在我依然是广西师范学院（现已更名为南宁师范大学）的合同制职员。

23岁那年，我完成了第一部由广西人民出版社出版的学术著作《苗族神话研究》，因为这部学术著作，我被广西社会科学院破格录用，并被调入少数民族文艺研究所。之前，我是广西师范学院保卫科的门卫。1988年6月，我成为一名社会科学研究者，当时我还是个合同制职员。

读小说，一直是我舍弃不掉的爱好。

写小说，也一直是我忘却不了的梦想。

我心里，常常萌生提笔写小说的冲动。

很无奈，往往寻觅不到或者留不住写小说的心境。

我一直在做着文学梦。

我相信，某一天，梦想能够成真。

目录

我有一支苗笛

我有一支苗笛，它常勾起我对那段生活的回忆……

“你来干什么？”我问。

站在我面前的是一个苗族小伙子。他的家离县城很远很远，在白云山里边。他曾经告诉我，去他的家，要坐半天的班车，还要走两天的山路。我的天啊！

“听说你要转学到省城去了，我来看看你。”他很高兴，露出白白的牙齿。他刚来的时候觉得刷牙这件事还挺新奇，曾经几次问我，这是什么玩意儿，管啥用。我告诉他，刷牙可以保护牙齿，不生虫。他说，他爷爷从来不刷牙，牙好得出奇，八十岁还能吃炒豆。他张开了他的嘴巴，让我看看他的牙齿。我真眼红他，他的牙齿竟这么好，像白色的玉。

“哦，谢谢你了……其实，为了送我，跑这么远的路，不值得。”我的口气虽然带有些本不该有的嘲笑，但是，我不得不佩服他的义气。听说，不光大苗山里的苗家人是这样，侗家人、瑶家人也是这样。

“我是顺路来的。”

“哦，我还以为……”

“走走好吗？”他看着我。

有什么好走的呢？从东到西是十五分钟，从南到北是十一分钟。太小了，也太旧了，给人一种可怜的感觉。说起来挺可笑，这里可是个县城呢。

“我们以后就很难见上一面了。”

我只好点点头。

寻江边是我喜欢去的地方，我提议去那儿，他同意了。

江面上的倒影很好看，像一幅巨大的水墨画。大自然是有很多杰作的。他忽然从江边捡起一颗洁白的石头子，在手中摩擦着。看情形，好像那是一颗钻石。他笑了，笑得很自然，也很甜，这是我的感觉。他这样的笑，我还是第一次见到。我和他同桌过一年，以往他的笑多是苦笑，淡淡的笑。

“我们苗族人的生活现在好多了。对了，我还要告诉你，我哥哥终于结婚了。这次我是来给他买收录机、手表、衣料的。哥哥还说，等到明年搞成电视转播站，他还要买一台电视机。”他兴奋地看着我说。他的脸红红的，比过去油光多了，“哥哥现在自己办了个木耳、香菇种植场。你猜他一年得多少钱？”

我怎么会知道呢？我摇摇头。

“这个数！”他伸出一个手指，“外加这个！”他又伸出八个手指来。

“一百八？”

“再加一个零！”

我的天啊！这么多钱，怪不得想买电视机呢。

他看了看寻江水，说：“你转学的事是郭老师昨天晚上告诉我的，我本想连夜从学校赶过来，怕你睡了，所以今天一早才来。”

一放假，父母就接到要去省城的一所大学工作的调令。其实，我早就该写信到白云山去，可我……

“几时走？”

“明天。”

“好险啊，差点就见不着你了！”

我仔细地打量着他。

他的变化不大。他穿的仍是家织的蓝布裤和漂白布上衣，脚上还是套着那双解放鞋。他头上的包头巾却不见了。他刚来县中学的时候脸很圆，现在却小了一圈，鼻梁上还架了一副近视眼镜。他真有点不伦不类。

“干吗老看我？”

“你哥有那么多钱，为什么不叫他买两件的确良衣服？还有，你那双老解放鞋也应该换换了。”

“那是哥哥的，不是我的。再说，这布是阿妈亲手织的。”

“还记得在学校的那段日子吗？”

我觉得，好像有一个人这样问我。

“怎么不记得呢！”

我觉得，好像又有一个人帮我回答。

我们的学校，是很美的。它坐落在寻江中的一个大沙洲上，是全县仅有的一所重点高中。

我和他的相识，是在开学的第一天。

我们住县城的同学，占着“地利”，在开学前五天就到学校占好了床铺。我们是爬窗子进宿舍的，在选中的床铺上面写上自己的名字。

开学那天，注册之后，我高高兴兴地扛着铺盖进宿舍，正要把铺盖放到选好的床铺上时，才发现床铺已经被人占了，那小子正躺在铺位上，悠悠地吹着口哨。

看着那美劲儿，我气炸了：“滚下来！”

“冲哪个喊？”

“就冲你，给老子下来！”

“嘴巴干净点！老子就不下！”

“你这床位是老子的！”

“哦，老子没是吃素的。哪个先来先得。”

“老子在上头写了名字！”

“没看见！别以为你是县城的，老子就怕！”

和我初中同班的几个同学也扛着铺盖进来了。他们呼啦一下围了上来。我一看人多势众，大喊一声：“打！”

我的话音刚落，旁边就有人插话了：“不怕人笑话？都是一个班的同学。”说话的人包着头巾，样子挺可笑的。他卷起我的铺盖，搬到他的床位上，然后，他也上了床，一边拆着他的蚊帐一边说：“我们都是从不同的地方来，我们都是为着学习，我们都是同学。在我们寨子里，大家都相处如亲人一样，谁家有困难，人人都去帮助。我出来读书，这蚊帐就是寨子里凑钱买的。”

我看着他，百思不解。心里想：你蚊帐怎么来的，关我屁事。

“你搬到我这里来吧，我搬到下铺去。我这位置虽没有你原来的通风透气，但离灯近一些，晚上好看书。”

“不用，谢谢了。”

我觉得不能再跟人吵了，便主动抱回自己的铺盖。

“你这是看不起我！”他似乎生很大的气。后来，他告诉我，他们那里有这样的习惯：别人帮了你，你不领情的话，别人就认为你看不起他。

第二天，班主任郭老师把他和我安排在同一条凳子上坐。我暗暗地有点不高兴，我很不愿意同一个山里人坐在一起。

郭老师介绍同学的情况时，我才知道他叫杨通财，中考他排在前三名。我不得不有一点点佩服他，但是，我又有点不服气。除了他是一个农村仔，还有一点别的什么我也说不清楚。

“喂，你干吗叫这个名字？”

“我……是阿爸起的。”

“真是的，起个名字也这么俗！”

他没有再说什么。他的眸子里透出一种只有他才知道的光，他的两只拳头握得紧紧的。看他的样子，是想找人拼命。我有些害怕，我听说他们山里人打起架来不要命。但是，我又从他的眼神中看出，他并不怪我。我真不知道此刻他心里在想什么。

开学不久，县里放映印度影片《流浪者》。我们几个家在县城的，心早就飞到电影院去了。学校晚上要上自习，没办法，我们只好赶第二场。半夜1点多钟，当我哼着“阿哇啦古”的电影主题曲回学校时，才猛地发觉教室的地还没有扫，抬头一看，教室还亮着灯。

谁这么拼命？

是他！

“这么晚了，还在学习呀！”

“电影好看不？”

“亏你还来问，我好不容易也帮你搞到票，为什么不去？”

“我也很想去。下午你给我票，我差点笑癫了。我们山里很难得看场电影。可是，现在我又有点舍不得浪费时间。我能够来县城读书，很不容易。我比不上你们。离开家的那晚，阿爸和我坐在火塘边，什么也没说，久久地看着我。我知道，他是多么地希望我能够有出息，能够留在城里吃‘国家饭’。”

唉！他真可怜。

记得第一堂语文课，郭老师出了道作文题——“什么东西激励我学习”。

我苦苦地想着，我真的想不起什么东西激励我学习。是父母？不是，他们怎么激励我学习呢？他们给我钱交学费，也没跟我说什么呀。是将来的工作？更不是。读完书，找一个工作还是没问题的。那是什么呢？实在是想不出。

我瞟了下老财，他似乎很激动，泪水在眼眶里打转。真想不到，这苗族小伙子的感情还蛮丰富的呢。我好奇地伸头过去，一行秀气的字出现在眼前——“一床蚊帐激励着我学习”。

下课后我问他：“你干吗写蚊帐？”

“我的蚊帐来得不易啊。每当我看到它，就觉得有好多双眼睛注视着我。我们山里很穷，这你是想象不出的。一分钱你们正眼都懒得看，可我们一分钱都很难得。那床蚊帐，是好多个一分钱凑起来的。我学习不努力，我偷懒了，我怎么有脸回家！”

“哦，明白了。”

他每天吃过饭，都要到寻江边吹阵子笛子。

他吹的笛子很怪，声音也很特别，他说那是苗笛。他常常吹一些很动人的曲子，但是，曲子里总是带有一些哀伤。他吹笛子不会很久，接着，就抬头望着远方的白云山。他说，那边有座山，很大很大，他的家就在半山腰上。

“你在想什么？”

“我的家乡太穷了。”

“所以，你就拼命读书，好远走高飞。”

“你，你……”他猛地站起来，脸涨红了，眼睛瞪得大大的。

最后，他又坐了下来，轻声说：“我们那里宝贝很多，就是缺少识宝的人。我出来读书，就是想做那个识宝人。”

“听说，你们把面条当作菜来待客？”

“那是因为穷。”他痛苦地埋下了头。

他很久才站起来，慢慢地离开了。他那支苗笛落在沙滩上。

真该死！我怎么能说那样的话呢？我要向他道歉。

“对不起，原谅我吧！”

“莫这样讲，只怪我们穷。如果我们也能像你们城里人一样生活，就没有人看不起我们了。”

他又自信地笑了。他说：“我相信，我们会好起来的。你信吗？”

“信！”我回答他。

“你准备明年考什么学校？”我又问他。

他的脸红了，他不好意思地说："现在还不晓得明年考得怎么样。要是考不上大学，高中毕业回家，只能靠自学了。到时候，你得帮我买书。如果有希望，我想读农学院。"

"什么，农学院？你的成绩是我们年级前三，起码读个省城大学。农学院出来的人肯定要到农村的。"

"我们那里需要学农的人。"

这傻瓜，我真是无语。

"我们刚做朋友没一年，你又要走了。"

是的，我和他是在高一第二个学期成为朋友的。

在学校秋季运动会的篮球赛上，我摔了一跤。当时没觉得什么，睡到半夜，小手臂疼得厉害，醒后，再也睡不着。

第二天一大早，他送来一包加工好的草药。

他说："这是祖传的跌打药，差两味药找不到，不过，对药效影响不是很大。"

他小心地帮我包上药，用几根树枝把我的小手臂固定好。这个时候，我发现他的眼睛有几道血丝，有点红。

"谢谢！"

“不要谢，我们是同学！”

“我要到省城去，去看你！农学院在省城，我们一定能够再见面的！”

我相信他的话。我承认，他比我强。

“我等你！”

“这次来得忙，没带上东西给你。明年吧，等我到省城再送你。”

“是什么？”

“还不能告诉你！”

我把心爱的口琴送给他。他很激动。记得我刚拿口琴到学校时，他羡慕极了。

就这样，我们分别了。

到了省城，刚开始，还有给同学写信的劲头，省城的一切对我，对远在偏僻小县城的同学来说都很新鲜。但随着高考的临近，这种新鲜感就没啦。我的基础远远跟不上省城的同学，渐渐地，一点学习的劲头都没有了。没了心情，什么都懒得想、懒得做。我把他给淡忘了，包括他要送给我的礼物。

高考预选，我被刷了下来。很可悲，连进考场的资格都没有。后来，我报考技工学校，也没考上，只得了

190多分，分数线是220分。我算是彻底完蛋了。我根本没有勇气把我的情况告诉他以及别的同学和老师。没想到五天后，我收到了他托一个到省城出差的叔叔带来的一件礼物。我打开一看，是一支苗笛。笛筒里还卷了一封信。信中写道：

兄弟同学：

你好！

我们暂时很难见面了。高考一结束，我就回苗山了。所以，我托到省城出差的叔叔给你带上这支苗笛，它是我送给你的礼物。我想，你一定会高兴地收下。

做笛子的这根竹子，是我在几座大山的山冲竹林里找到的。笛子我花了两天时间才做好。

在高考的前一个月，我改变了原先的打算，报考了省师范学院。苗山需要农林方面的人，但更需要老师。我想，你一定会认可我的决定。

兄弟同学，你考得怎样？我很想你！

昨天，录取通知书来了，师院录取我啦，在数学系。遗憾的是，我暂时不能去省城了，我们暂时不能见面了。

兄弟，我们苗山变化可大了，这一句两句说不清楚，希望你有机会时，一定到我们苗山来玩！

……

从此，我有了一支苗笛，它常常勾起我对那段生活的回忆，也常常会给我一股力量。

（原载于《民族文学》1983 年第 8 期，有删改）

猴结

明媚的夏日里天空多么晴朗，
美丽的太阳岛多么令人神往，
幸福的热望在青年心头燃烧。

歌声翻过对面的山，钻到这边的河谷来了。河水突然平静下来，刚才还是波急浪涌呢。风姑娘手中的扇子也停止了摇动。白云河里头，那些两个指头宽、喜欢拉帮结伙的蓝刀鱼也拼着命蹦出水面。虽然只是那么一下子，但它们却享受了这一美好的音乐瞬间。

这儿是一个挺大的回水湾子。前头不远处有一个从大山伸延过来的坡坡，像一条龙伸头过来吸水。水扑向山坡的怀抱，然后又不得不一步三回头地离去了。

他占好一个位置，摆好自己的家什。

他初中毕业后便回到山寨里来，没什么事情可干的。那一点点山冲田，两天就可以摆弄完了；那几个坡的茶山地，没几下就铲光了。天热了，泡在白云河里头，运气好时会弄得几条鱼；天冷了，围着火苗蹿得老高的火塘闲聊。打油茶是挺过瘾的，但总不能一辈子都守着茶水加焦米过日子吧。想呀想，两年过去了，他才想到要去拜对面寨子的老药王为师，学寻草药。他心想：反正白云山里头撒泡尿也可以淋着药。功夫不负有心人。这不，去年年底他就到木场镇独立摆摊了。

“喂，后生仔，早啊。”一个客人走了过来。

“老同，早啊。买药？”

客人轻轻笑了笑，没说买，也没说不买。他向摊子上的货扫视了一遍。

“药倒是蛮多的，可惜就没……”客人眼睛一亮，看定他刚从药篓里掏出的那块白东西，“后生仔，那是——”

“九牛胆。”

“真货？”

“假不了。”

客人用手指头挖了一点，戴上眼镜看了一会儿，放进嘴里头。

“快，后生仔，水筒。”客人拉过水筒，打开盖子，一口气灌下几大口。

“苦得要命。嗯，几多钱？”

“你开个价。”

“十块，这一大块。”

“十块？才这一点点，脚钱都不够。你晓得不晓得它的用处？肚子拉个没完没了就得靠它。这东西只有白云山才有，长在岩石旮旯里，难寻死了。你以为像挖竹笋那么容易？”

“那你要几多？”

“不多，三十。”

“三十？”

“三十！”

“贵了一点。”

“这么大一块，还贵？”

“得，干脆。我包了。”

“还要什么东西？”

“可惜，你这儿没有。如果有，我拿架收录机换，四喇叭的。我急着用那东西呢。”

“哪号东西，这么宝贝？”

“猴结。”

“猴结？上哪儿去弄呀。我只听说过那东西。白云山的白云峰上有一块大崖，叫鬼仔崖，崖上有个鬼王洞，听讲那儿有。可那是什么地方呀！听说打仗那会，有一帮人躲进去后，一个也没活着出来。”

“后生仔，那是糊弄人的，莫听别人乱说。干不干？一部收录机呢！怕什么呀，多带几条狗。以前还说有老虎什么的，现在连老虎影子都见不着了。”

“有人熊呢！”

“咳……，那是大猴子耍的把戏。堂堂一个男子汉，怕它？你再想想，想通了来找我，我住在白云客店。”

“你等着！”

“你真的去？有种！”

“一部收录机哩！”

他去年就想得到一部收录机了。那一次，他在镇子上无意中看到省报刊登一则消息：省中医学院函授部成立，要招收第一期学生。他报考了，可没有被录取。他底子太差了，才上过初中。

他写了一封长长的信，向中医学院陈述自己的心愿。终于，中医学院答应他的要求，给他寄来了教材，还特地给他一套授课录音带。听录音倒好，可到哪儿弄录音机呢？家里有六百五十块钱，他跟阿大商量，能否先给他五百，他挣了钱就还。阿大把他训了一通，讲他不好好做活路，尽想那些花招。他也体谅阿大，那钱可不是压箱底讨媳妇用的。家里这木楼不成样子，早就该翻修了。阿大这钱是动不得的。他便自己一个子儿、一个子儿地攒，现在箱子里有 160 块钱——不，加上那 30 就是 190 了。他还是第一次卖药得三张大票子呢。

太阳困懒觉了，这个时候，才刚刚露出半个脸。山坡上的那块大青纱，从对腰分开，向山顶和山冲飘动，那么慢。

狗儿在脚跟转着、跳着，不一会，冲到前头，拐个弯子，不见了。可他一走到那里，狗儿猛地从草丛中蹿出，把他吓了一跳。

“嘘，到前头去。大黑、小白、大公。”

三只大狗牯很快就消失在前头的山道上。

“你们莫急。阿灰、阿黄，留在后头。”

阿灰和阿黄围着他又叫又跳。他用手掌拍它们的脑袋，它们不情愿地留了下来。

“大母，跟着我。”

他虽年纪轻，却是一个好猎手。山里的后生仔不会打猎，就像姑娘不会织锦一样，没人愿意跟他好。

森林里处处充满生机。楠竹枝像山鸡的长尾巴，在山涧边摇动。鸟糖梨像一颗颗珠子，镶在绿杉上面。对面山，有一条白练，挂在崖壁上。路旁的奇形古树，将它们盘曲的枝干伸过来，像对着他招手。

他好像第一次意识到，这山、这竹、这瀑布、这树……是那样地新奇，那样地美，那样吸引人，这就是白云山啊！

“阿咪，你晓得猴结哪儿有吗？要真的，不是传说里的。”

“白云山里头的鬼仔崖。”

“听哪个讲的？”

“你外公也是寻药材的。嗯？你问这号事干什么？”

“没。我今天在木场镇听人说到它。”

阿咪笑了笑，没作声，继续打她的油茶。

“猴结，猴结……”

她看着儿子的脸和他那呆呆的眼神，慌了起来：“崽崽，你是不是想去……”

“阿咪，我哪儿也不想去，我想困觉。”

第二天，他跑到对面寨子的师傅家。

师傅对他说：“猴结！是个宝呢，我这一辈子还只见过半个。五十年前，我家来了三个客人，自称是三姓兄弟，阿大留他们住下。晚上，他们说到猴结，阿大讲在鬼仔崖那里有。第二天一大早，他们告辞后就往山里去了，讲是去寻猴结。阿大劝他们说山里去不得，他们不当一回事，走了，家里的大狗牯也让他们带去了。五天后的晚上，我们都困觉了，突然，狗牯来抓门脚。阿大第一个起来，他开门一看，着实吓了一跳：狗牯的右耳朵连着头皮去了一大块，血淋淋的。狗牯叫了几声就往外跑。我和阿大紧紧跟在狗牯后头，翻过两个山梁，狗在前头猛叫，我们跑过去看究竟，原来是那三个客人中的老二倒在道上了，满脸都是血。我们把他背回木楼。他从怀里摸出半个又绿又红的东西，艰难地递给阿大。”

“猴结？！”他好奇地问。

师傅点了点头，继续说：“阿大吩咐阿咪把猴结熬了喂给那个客人，他却吃力地摇摇头，指指自己的胸口，又指指阿大的胸口。阿大会意地点了点头，对那个客人说：‘老同，放心吧！’客人睡了，再也不醒了，可脸上还在笑着，那么满足，那么自信。阿大把他的坟筑在通往鬼仔崖的道边。”

“多可悲哟！”他哀叹一声。

“怎么，你想去寻？去不得，万万去不得，二十年前，我师弟急着用那药，硬着头皮进去，现在还不见出来。”师傅急忙劝说道。

“我在镇上听人说到它，有个客人要拿一部收录机换呢。那东西究竟是什么药，如此宝贝？”

“那是母猴的胎盘。我那年得了重病，快要死了，阿大把客人留的半个猴结熬给我吃，很快就好了。每次母猴下崽后，都要挖个坑坑，把胎盘埋起来。等猴崽断奶水后，就刨出来给它吃，猴崽吃了，长得膘壮。一般的胎盘不叫猴结，要母猴的第一胎胎盘，埋在适宜的地方，经过三年露五年雪后，变成球菌，才成纯猴结。喉结泡酒可是补品呢！”

他想了好多夜，最后还是进山来了。

六条狗是白云山出了名的，每次赶山都依仗它们。大公和大母是一对，其他四只是一窝崽崽。

听到前头的狗叫了起来，他集中了注意力。可大母动也不动。他用心一听，自己也笑了起来。原来是大公在给他报平安，呼唤同伴。他过于紧张了。

越往前走，两边的丛林越密，有时要靠砍刀开路。偶尔一只不知名的鸟儿呱呱啼鸣，声音凄厉，挺吓人的。这时大母猛地仰天叫了一阵，前头的狗和后头的狗相呼应，大母的眼睛睁大了，耳朵也竖了起来，不时还用鼻子闻闻。

大黑、大公、小白回来了。大母仍低声狺狺。小白和大公得令似的转身前去，大黑留了下来。

大母、大黑左右护着他，他晓得，这正是决斗的征兆。已来到白云山密林深处了。

太阳偏向山头，山风从绿荫深处窜出来，有一股味儿在空中弥漫。

蓝色的天空，洁白的云朵，绿色的林丛。他呼了一口气，似乎轻松了好多，勾住扳机的指头松开了。前头的大公叫了几声，后头的阿灰也叫了几声，大母回应几声。大家都平安无事。

前头的狗跑回来了。他抬头望去，喜悦从心底里泛起。哦，这儿就是鬼仔崖，那传得神乎其神的地方。

这是一座大崖。崖上有一棵悬挂着的树，鬼王洞在它的右上头，树和洞有两根牛绳的距离。

太阳下到山那边了，天突然暗了下来，阴森森的，叫人汗毛直竖。狗儿围着他转，呜呜地哼着。

他察看一下地形，从背篓里掏出飞爪，抓住崖上的树，攀了上去。

树挺牢靠，那些藤条爬在树枝间，结成一张密网，人就是在上面打跟斗也跌不下去。

狗儿在下面转着。他想了想，把绳子丢下去，冲着大母喊道：“咬住！”

大母看了他好一会儿，然后咬住绳头。

“莫要放开哟。”说着，他把大母提了上来。

六条狗全都爬到他的身边。

他伸手摸摸它们：“待着，莫要动，跌下去就喂泥巴了。”

多么神秘的夜啊！

山风呼呼吼着，山兽呜呜叫着，还有那不知名的声音……狗儿可耐不住了。“别乱动！”他伸手按住它们。在这荒无人烟的深山，在这神奇的鬼仔崖上，哪个敢讲不会有意外发生？“一、二、三、四、五、六……”他默默地数着数，“夜，干吗这样长呢？”

他现在才觉得，自己也算得上一个了不得的人了。有哪个敢在这鬼仔崖上过夜？可这都是为了什么呢？为了一部收录机？是，但又不只是为这个。

近来，他老是觉得自己少了样什么东西，不是酸鱼酸肉，也不是糯米饭。前些年，经常用油茶水泡冷饭，觉得肚子里头该有一两块肥肉填填。可现在肥肉嘛，会腻人了。那天，他去对面寨的杨通财家打油茶。杨通财说了好多新鲜事情。他真眼红杨通财，能到大学去念书，学得那么多的知识，自己呢，多么可怜，比得上通财老同一个小指头就好了。

他又想到了家。他出来时留有一张字条。这会儿，阿大、阿咪准会急得发癫。但是，收录机，一部收录机哟！可以听老师讲课，可以收听新闻，还可以听地方电台每周星期二、星期四晚上广播的农业知识讲座……

“老子跟你拼了！”

他挥掌击了过去。脸上痒痒的，胸口也被挠了几下，是什么东西？伸手抓去，抓着一只小爪子。

他睁开眼睛一看，是大母的爪子。

咦，天几时亮了的？

大母怎么啦，老是抓他。

大母对天长嚎，其余五条狗头朝下，汪汪地叫了起来，后腿缩上，准备扑下去。

他朝下一望，下面有个全身是毛、比人还高出一头的东西，后足直立，前肢交叉胸前，两道涎水，从嘴角往下直淌。

“人熊！”

他的脑子里一闪出这个念头，身上的汗毛就竖起了。

大母怒吼着，其他狗也拼命吼叫，给他助威。

他紧紧抱住树干。

大母猛地向前一扑，落在地上。那怪物没注意到，仍在昂首呆笑。大母窜到它背后，朝它腿肚上狠狠地咬了一口。它震怒了，伸出利爪，扑向大母。大母机灵地边吼边躲闪。其他狗也跳了下去，吼得它团团转，它怒极了，对天长啸一声。

它丢下狗，猛地往树上扑，不成，跌了回去。砰！它跌倒在地。大公猛扑上去，一口咬住它的屁股。

它痛得直跳。

他舒了一口气，放下绳子，吊了下去。

他想要的是猴结，便背上背篓，领着狗儿，继续攀上了鬼王洞。

洞口有一个凹槽，槽里遗留一副人体白骨。旁边丢下一把火枪，早就锈了。他捡起枪仔细一看，枪柄上有个三角形记号。天啊，是师叔的！他难过地掉下了眼泪。

他蹲下身子，收捡白骨。

“猴结？！”

白骨旁边，一个绿红绿红的东西被泥土埋去了一半。他小心地抠了出来，装入背篓。

大母它们猛地叫了起来。他赶紧端起枪，爬到岩石上。不等他定下神，又一头黑乎乎的怪物向他扑来。他下意识地往旁边一闪，好险！幸亏大母它们在后头缠住了它。它狂怒地抱起一块大石头，向大母砸去。大母机灵地往旁边一闪，趁这当儿，它蹿了上来。

他早已忘掉了怕，迅速往崖下一跳，转身朝上面打了一梭子弹。再定睛一看，那怪物已不见踪影，只有六条狗威风地立在崖头。

他上了一匣子弹，背上背篓，呼哨一声，率领狗群，浩浩荡荡地朝回路走。

“再见啰！呜喂——！”

突然，他又想起“……幸福的热望在青年心头燃烧……”这支歌。

鬼仔崖没那么神秘，人熊不是什么鬼怪，也不是大猴子耍的把戏。他好像……不，是确切地明白了好些道理。

鸡开始叫第二遍，寨子上的狗边叫边冲了出来，见是他，就亲热地围着蹦来跳去。咦，他家的木楼还亮着灯呢。他快步走去。

门吱地开了。阿咪站在门口，惊喜地望着他，背着光的脸，黑糊糊的，皱纹也不见了。他的两只眼，在黑暗中特别晶莹，涌出两串泪珠子。

“阿咪——”他呼唤着，激动地扑向阿咪身边。

人熊、鬼仔崖、山洞、猴结、收录机……

师傅叹了一口气：“我不该讲给他听的。”

“我的天，一下子两个。”师傅惊呆了。

“两个什么？哦，哦，人熊！怕个屁。哈哈哈。头这么重，眼皮被什么粘住了。对，我太累了。”他疲倦地躺在床上想。

“杨老师，唉——”

“杨老师！她怎么了？”

杨老师可是个好姑娘哩。她高中毕业回来后，乡里要在这儿办个中心小学，问她愿不愿来当民办教师，她二话没讲，就从下面宝江寨搬上来了。

“得了重病，据说中蛊了。”

“有救吗？”

“除非猴结！”

猴结……

收录机……

他猛一翻身：“哎哟！”醒了，完全醒了。屋子里的人都围了过来。阿大、阿咪、师傅……他的眼睛湿了。

阿咪伸手过来摸他的头。猛地，他推开阿咪的手，一下子坐了起来。

“我……你们拿去，治好杨老师。在背篓里。”他如释重负，说完，他瘫下了，可头脑还醒着。他想起了十五岁才进一年级的小妹……

总会有的，收录机。

幸福的热望在青年心头燃烧！

真想大声唱，唱给蓝天，唱给白云，唱给所有的人！

（原载于《漓江》1984年第9期，有删改）

春　水

“哎啰——哎啰——！开河放羊了啰！”

春水发了！

河口寨一年一度最繁忙的时节来到了！

原先只有三丈多宽的白云河面，这下子呀，猛地增宽了好多倍。河中那块“黑牛岩”，早就潜到水里头去了。河口处，不时还会看到寻江的水倒灌进来。

早先，这里并没有人家，不晓得是哪年哪月，白云山的苗家人顺着白云河搬到这里来了。这里的交通还挺方便的，寻江下游有好几个大镇子，上游不远处，有一条大河，沿河上去一天航程便到县城古镇了。

每年这个时候，白云河水涨了，白云山里的人家便把旧年砍下的木头，全都推到河里，让它们自行漂流，这就叫“放羊”，或称“赶羊”。到了河口寨，木头就被拦起来扎成排子，由后生放到下游的木场镇去，卖给贮木场。而后贮木场用电船往下拖，拖到山口火车站，装上火车，“呜”的一声，运出山区去。

“看，他们扎排了呢！”杨梅女冲着河口回水湾处，努努嘴，说，“我们再过去跟杨通福他们商量一下，可以吗？讲不定，他们还会答应的呢！”

“算了啰！看他们那个样子，半口糯米甜酒也难吞得下。”

“就是！同意了才怪呢！就会倒人家的米桶。”

“还是按我们昨天晚上商量的办法做吧！”

她们背上篓子，上了后山的杨梅冲。差不多翻过山坳时，她们还转过身子来，狠狠地瞪着河口回水湾处：

“一辈子也讨不上婆娘！”

“没有哪个送他贴身汗衫！”

“嘻嘻嘻，哈哈哈！得了啰，得了啰，人家是白云山第一够力的后生呢，有人早就想把贴身汗衫蒙在他的头上了。那天，我跟你睡在一起，半夜里听到你喊通福哥，还叫‘哥’呢！我看你早就想跟他喝交杯酒了。脸红了，认了，认了！”

“不撕烂你的嘴才怪！我今后不要和你一起睡一张床了！”

“哎呀，快拦住她耶！”

妹崽们就是这个样子，一下子会气得要命，转个背又嘻嘻哈哈了。昨天上午，她们确实气得跳进白云河里头折腾一通，但这也解不了气。

羊下来了。杨梅女她们来到河边。

“尾帮下来了，明天就可以扎排了。”

“那件事情我们讲给他们听不？”

“不讲！”

“求人家办事情，不讲给人家听，得吗？”

“他们答应了，我们再讲。”

假如我会变法术，
要编织竹马飞遍白云山寨，
叫木盆变成铜鼓敲起来，
邀心爱的达配来把芦笙踩，
我就变成钟情的蛇郎，
悄悄在路边等待。
假如我会变法术，
叫九个夜晚连起来，
我好同心爱的达配，
尽情地坐妹谈爱，
把绵绵的情意，
吐入她的心怀。
假如我会变法术，

变得像姜央那样聪敏捷快，
扛起穿枋粗的大锯，
锯下青天一块，
填平深涧峡谷，
让我们这个地方平平泱泱，
开田插秧，年年不愁饭菜，
挖地种棉，缝衣又织花带，
一辈子幸福美满，
生活在可爱的苗家山寨。

杨通福他们撑着一张简易排下来了。他们是来压尾羊的。他们沿河用篙子把卡住的木头捅回河道，让它们漂流下去。

“喂——！”

“有……有什么事情吗？”好久，杨通福他们才把排撑到岸边。

“我们想托你们办一件事，得不得？”

“什么事呀？”

“我们想跟你们去木场镇，我们……”

“哈哈哈，嘻嘻嘻……听听，戴耳环子的人不围火塘了，也想翻天了，配吗？不冲着白云河水照照！”

“你！”

“本来嘛！你们就只能抱娃崽。得了得了，都莫讲了。讲句真的，不是我杨通福站在白云山顶看你们。”他抽出一支带黄把子的烟，夹在嘴巴上，挺得意地一扳打火机，火苗呼地蹿起两寸多高，“晓得吗？这是气体的，不怕风雨。”他吐了一个大烟圈，可风一下子就给吹散了，“现在政策好了，大家都想富，你们的心情我杨通福是理解的。你们能做得了什么呢？打杨梅皮，一天才得那么一点点，而且最后还得求我们运下来。砍木筒，你们就更没格了。多挑点禾把就喊妈，扛木头筒子不叫婆才怪！有我们男子汉就得了。我们砍两个月的木头，放一个月的排，就够你们用的了。不信，你们哪个嫁过来试试，不好，准让你们走。好好回屋打鞋子底去。现在有皮鞋、解放鞋了，不兴布鞋了，出娘家门都还得办一套。要趁早哟，如果婆家人多，连夜熬灯油赶都赶不过来。”

“哈哈哈……”他们一用力，木排飞似的下去了。

“哼，小看人，就以为白云山只有你行！”

“我早就讲过，求人家办事情是不行的。我们还是老办法，辛苦就辛苦一点，这回我们全都去，就是爬也要爬到镇上去。”

“我们没跟人家讲清楚嘛！”杨梅女抱怨道。

“得了啰！讲了，说不定明天就传遍白云山，人家笑我们，准拿我们来编成古[1]款[2]给伢崽听。”

“我有办法了！”杨梅女高兴地说，“我们……”

“他们得意！”杨梅女不服气地说。

他们每次回来，都穿上套把镇上时兴的衣裳，在外头理发店理上一个小分头什么的，那头发叫发蜡油打得可以给妹崽当镜子照了。他们如今抖起来了，走路也学成镇上“吃国家粮”的形态。“吃国家粮”有的，他们同样买得起，在服装样式上也讲究起来。只是那种叫“喇叭裤”的他们没有穿，因为穿着做活路不方便。他们把银纸封的烟盒露个半截出来，手里头新样式的打火机“咔嚓”一闪一响，惹得小娃崽眼红死了。走到妹崽

① “古”是三江、融水、融安一带的汉语方言，意为故事、传说。

② “款”是三江、融水、融安一带的汉语方言，意为讲、聊。

面前，特地把皮鞋的响底子跺在石板道上，声音挺脆。嘴里头哼上一句“朋友朋友，谁说爱情没有追求”，或是“小城故事多，充满喜和乐”……

这下子呀，把妹崽们给气死了，也恨死了：“我们天生就是只晓得围火塘转，屁大的事情也做不了的料子？”

她们不甘受气，却又想不出什么法子来。

“哪个叫我们自己不争气，让他们小看了呢！”

她们讲的是以前的事情。那年，寨上突发大火，一座座木楼在大火中被烧掉了。男人们可勇敢了，在火里头抢出了很多的东西。木楼底下的牛也集中在一起，交由女人们看管。牛惊、人慌，不晓得几时牛群散了，找人寻去，山山冲冲都搜遍了，那头最野、做活路最够力的大黑牯始终寻不着。女人们就坐在火边赖哭。

“那是从前的事情，哪能老盯着的？”

“唉，我们女人不中用……”

“盯就盯！又不是我们，换上我们才不是那个样子呢！”杨梅女不服输地说，“我就不相信，女人家只能是围火塘转的料子！”她讲过，要和后生比个高和低。

过了个把月，杨梅女突然讲去走亲戚，一去就是半年多。

旧年，杨通福他们放排回来，坐在火塘间款家常。

回来了，大家围坐一起打打油茶，款款外头的新鲜事情，这是顶合大家的心意的。杨通福却不，硬是要先倒一轮妹崽的米桶。

“我说嘛！”杨通福摸摸油亮亮的头发，响响地哼哼两声，“你们女人家就是不行，光会当赖哭猫。不服气？好！拉山，你们能吗？放排，你们行吗？莫瞪眼睛，还嫌不够大？太大了就像牛眼，难看死了。眼睛小的，狠瞪也没有用处，晓得吗？要顶用，我杨通福瞪的绝不比你们的小。明年的这个时候，你们也去试一试，哪个敢？不敢！我说嘛。寻江上的风，不把你们的头吹掉才怪；无情滩的浪，不把你们的胆子吓烂才怪！要是敢，我杨通福请你们吃三天的油茶，我杨通福头朝地走！”

“有这种鸟叫的？”

“哪个妹崽讲的？敢站出来吗？”

“哪个不敢？”她站了起来，两道光直射过去。

“你?！”

“怎么着？明年我就去试试！”

“无情滩有水鬼，会拖人下去吃了。”

“莫吓人。为什么不拖你？”

“我们嘛，是男子汉，顶天立地！”

“我们是女人，顶半个天！”

“嘻嘻，半个天？连半张竹席也顶不了，还做梦要顶半个天。嘻嘻嘻……”

“就是。生娃崽还喊得山都崩了，还讲顶半个天！”

“我们能喊得山都崩，你们能不能？要是没有你阿咪生你下来，你根本就没格在这里‘学死鸡——硬抻劲骨子’。再过几年，没有哪个送你贴身汗衫的时候，叫你趴在脚下都干。我去定了！”

杨通福不以为然地笑笑，放下油茶碗，大声地说：“得！你敢去，就到我的排上来。哼！谅你杨梅女不敢，你就讲讲气话，过过瘾头罢了。”

禾把剪完了，挑进吊脚楼了，杨通福他们在白云河里泡上几天，顺便捉几条鱼仔送酒。过段时间，就没法子下去折腾了。其实，现在的水已经很刺骨了，要事先灌下碗把酒，下去才经得长些时间。

“喂——整个天耶，下来呀！”他们冲着杨梅女她们喊道。

“没那个闲工夫。”

“莫挨‘黑牛’拖了啰！”

她们背着篓子，停也不停。

“像是从杨梅冲里出来的。她们成天去那里干些什么呀？”

“听说她们在做着什么事情呢！”

“咳！她们？是干得事情的料子吗？没事可做了，像我们一样，混混日子呗！”

“逗逗她们，叫她们也来泡泡。”

“哼，敢吗？”

“喂——整个天，下来呀，好多的鱼仔呢，我们半个天捉不到，你们整个天来呀，互相帮助嘛！”

“捉不到的哭两声，横直你们离开娘家那天也要哭，现在先练习练习，看像不像。”

“哈哈哈，敢吗？”

“哪个不敢？”杨梅女真的下去了。她一定要跟杨通福比。结果，她比他还多捉几条麻勾鱼，虽然第二天发了烧，三天后才得起床。

“以为自己就是白云山第一厉害的了？”走的时候，杨梅女丢下这句话来。

后生们不作声了。他们做梦也不敢想，杨梅女有这么好的水里头功夫。

好久好久，杨梅女她们进寨子不见了，杨通福还站在“黑牛”上，定定地望着弯弯的小路。

春水刚刚发，杨梅女就打点好东西了。阿咪是不同意她去的：“一个女娃崽，太野了会找不到婆家的。当初我们做妹崽的时候，根本就不像你们现在这个样子。后生们替广东老板放排，我们都不敢挨近，怕我们的‘晦气’冲了他们。有一次我出了林子，挨你大姨妈打了一巴掌，我现在都还记着呢。”

阿大却同意她去，讲让她出去看看，多晓得一些事情。

“过一会儿我就同你们一起去木场镇，讲定了！”

晚上，她来到杨通福的木楼里。

“我不给你搭我的排，要去，你搭他们的好了。”

“你讲过，我敢去就给搭你的排。”

“我没讲过，我几时讲过的？”

“讲出口的话如同泼出木楼的水。还讲自己是个顶天立地的男子汉呢，讲话当放屁！”

天还没有亮，她就起来了，生好火，提着马灯下了木楼。她伸手摸摸睡在草上的猪崽：“这几天我不能喂你们了，你们要吃好哟，回来我看你们大了没有。”

她抱了一大捆禾秆草，丢在牛栏里头。牛伸出舌头舔着她的手，她拍拍牛头：“过段时间就要开田了，好好养，壮壮的，生力气。”

她直起腰来。这个时候，东边的天出现一缕金色的光。她笑了，仿佛是她的希望正伴随着太阳的东升而到来……

“哎啰——哎啰——开排了啰！”

河口处集满了人。十张大排停放在河口。排上的后生傲过白云山了，他们挺得意地望着外头的寻江河水，讲着自己的话。

“喂，老同，你们看！”

后生仔们纳闷了。往回，妹崽们总要挤到河边，不顾一些老人的不满，讲一大堆比糯米酒还香甜的话，求他们帮带一点雪花膏，珠光扣什么的。后生仔们爱理不理的，抽完手里头的烟，哼哼哈哈一阵子，最后，要她们挨个叫三声阿哥才答应。为了能买到东西，妹崽只得干吃这个亏。今天不晓得怎么搞的，她们站在寨子头讲呀笑呀，瞟也不瞟他们一眼。送行的炮响了。杨通福最后瞥了眼寨子，扶起舵把子，第一个驶出了河口。每次，都是他当头排。

杨通福把舵把交给同伴，解开酒筒盖子，“咕嘟”一下就是一大口。好久，才呼出一口气来。

起先，他只是扭着头，斜视着渐渐远了的山寨，后来索性转动身子。寨头上的妹崽不晓得都跑到哪家打油茶去了。他觉得挺没劲的，一屁股坐在木排上心里想：她讲过要来的，怎么不见她的影子？是不是病了？连面也不曾露。不，不会的。她的身子结实得很。是不是害怕了？不，不会的。她的胆子比白云山还要大。是不是讲讲气话，过过瘾？不，不会的。她讲话从来都是当真。

杨通福后悔那天讲了一口回绝她的话，不然开排前还能见着她一面，这样或许心里头能踏实一些。

水开始急了。

杨通福慢吞吞地站了起来，望了望木排后头的山影，转了个大弯子，寨子早已躲到山后头去了。不晓得什么原因，他居然第一次叹起气来了，还是那样的长。

风从山口那头扫了过来。杨通福清醒了许多。他脱掉翻领棉衣，的确良衬衣大开着，像飞扬的白旗，也似白哨的翅膀。里头的内衣也只剩下一颗扣子，胸膛被河风刮得红红的。河水直冒热气。他取下竹筒瓢，仰起头，“咕嘟咕嘟”，酒顺着嗓子眼下去了，肚子里头一片火热，他使劲地鼓着嘴，生怕酒气漏跑了。脸儿红了，眼儿鼓了。

“老同唉，好像有人在笑？！”

“哪里？看你像三天没得睡，劲哪去了，大白天讲梦话。这里除了天上的云朵，脚下的排，还有哪个？”

“好像是妹崽。”说着，他自己也嘲笑自己了，“是哟，想到哪里去了呢！”

“是不是想贴身汗衫了？可惜呐，我少个妹崽，有的话我保证动员她，痛痛快快脱下蒙在你头上，叫你闻妹崽气味，闻个够！不然，回去我帮你去偷一件来。喂，你看中哪一个？是不是杨梅女？哈哈哈……”

他笑不出。他把竹筒瓢挂好，走到排边，取了毛巾打湿了水，往脸上抹了抹，真舒服。往回望去，后头的排保持一定的距离，不紧不慢地跟着。

那一次，比赛输了一条麻勾，当晚熬了好久，他都睡不了。第二天一大早，他竟然神差鬼使般地躲在她家吊脚楼后头的竹林里，看她一早梳头。她的头发真长哟，差一点就挨到楼板了。她比传说中的长发妹还要美得多。

他轻轻地叹息一声:“无情滩!”

木排上的人一下子都紧张起来,如同猎人遇到了猛兽,把猎枪的机子扳上了,忙而不乱地严阵以待。每个人都拿着竹篙站在杨通福安排的位置上。

传说,这里有一个顶大顶大的水鬼,专吃过往的人,吃饱了就睡,睡够了又吃。碰上它饿的时节,准丢命。过去放排行船,都要先请算命先生来算算日子。

无情滩的水真急,两岸的山猛往后头跑。河谷上空,乌鸦成群结队地飞着,不时还“哑哑”地叫唤。传说它们都是被水鬼吃了的人的灵魂变的,看见过往的排或船,就喊:“阿咪呀,回家。”

多可怜哟!

杨通福提着一根篙子,立在木排头。木排与江水相撞,溅起很多浪花,把他的解放鞋和裤脚都打湿了。他全然不当一回事,像一位威严的领头,指挥着猎人围击凶狠的带崽的山母猪。

“看着,水鬼礁到了。”

前头的江面上,有一座大岩石拔水而起。它的四周,有很多大大小小的怪石,只有右边,紧挨着江岸石壁有一条不宽的航道，滔滔的江水在这里急湍而下，撞在岩石上，溅起老高老高的浪花。

木排直向水鬼礁冲去。杨通福举起篙子，不慌不忙地往水里一点，木排偏右了。偏右的木排依着水势向岸边的石壁撞去。

右边的后生伸出篙子，顶住了石壁。木排扭了一下，向下奔去。

“喳”，两排接合部的后生的篙子打滑了，人跌倒在木排上。木排猛地一摆，撞向石壁。

杨通福见状，正要扑过去时，“唆”，雨篷里窜出一个人来，那人捡起篙子，顶住了石壁。木排飞驰而下，奔到滩底。

好险呐！

杨通福用力过猛，跌倒在木排上，头发都碰着水了。篙子脱了手，被怒水冲卷得无影无踪。

杨通福慢慢地爬了起来，额头有一个不小的包，他不觉得痛，只感到周身热热的，真想脱了衣裳，扑到寻江里头去。

杨通福紧紧地握住了她的手，心颤了一下，觉得一股电流通过手传到了心里，心跳得挺厉害。他很想抽回手，又有点不舍，于是让它握着，紧紧的。

“谢谢，谢谢！”

“怎么样，女人家不只是围着火塘转的料子吧！”她陶醉于刚才的英勇行为之中，尽管心还在微微颤抖。

“怎么，我不该来，我成了天热的汗巾了？你不是说女人家不敢闯无情滩，不敢斗水鬼礁吗？”她摸摸他头上的包。

杨通福慢慢地低下了头。

“你以为我是来耍的？我有要紧的事情要做！”

“什么事？”

“不讲！”

风大了，呼呼直响，吹得耳朵疼。

杨通福取下竹筒，一口气灌下几大口酒，接着就是憋住气，鼓着眼。

“嘻嘻嘻……”杨梅女笑得捂住了肚子，头差点就碰着木排了。

“有什么好笑的！”

“为什么要憋住气呢？”

“女人家就是不晓得！酒下到肚子里头，化成了火，把肚子烧出了热气。你一张嘴，热气就会漏掉，不划算。酒下去了就得憋气，要等到热气散满全身了，才能张嘴。”说着，他递过酒筒，“江上风大，喝下就不冷了。怎么，还生气？全都是我不对，得了吗？你们顶半个天了，赶过白云山，赛过寻江河。哦，是不是怕挨火烧了肚子，以后生不得娃崽？哈哈哈，生得，一定生得。不生得也不打紧。上次我在镇上听人讲了，在国外，可以把娃崽放进人的肚子里头去，放进去的时候只有拇指头大点。他在里头长啊长啊，几个月后就大了，到时候呀，一下子就能把他生下地，一点也不痛。”

杨梅女忍不住咯咯地笑了起来。

“笑什么？”

“那是试管娃崽。”

“你懂？！”

杨梅女没有再说什么。

江面上风大，确实刺人骨头。她从杨通福的手里拿过竹筒，开了塞。气不闭，眼倒先给闭上了。一股热气注入了肚子里头。她忙打开饭包，从里头抓了团糯米饭，很快就塞进嘴里了。

“真好看，脸蛋红红的，怪不得人家都叫你杨梅女。”

她觉得心里头挨火烧似的，热气开始往上涌了。她慌忙憋住气，不给它跑出来，脸更加烧了。她很想走到木排边，对着寻江水看一看自己。她还是没有去成。风太大了，快要把露在包头巾外的头发吹断了。

“到雨篷里头去，外边风大，小心着了凉。其实呀，坐木排有什么呢，只要敢上，也就坐了。下回，要多带几个人来。”

“可以帮我们做件事情吗？”她从雨篷里探出身子来。

“得！”

杨梅女从雨篷里提出一个篓子，说：“上了岸，帮我们背到收购站去。后边每张排都有一篓。”

杨通福揭开一看，眼睛瞪得比牛的还要大，吃惊地说：“这么多呀！哪儿搞来的？”他哪里肯相信，有这么多的木耳和菌子。

“我们试种的！”杨梅女自豪地说，“不信？回寨子后请你们进杨梅冲参观。”

杨梅女告诉他们，那一次她不是去枫林寨走亲戚，而是去了山外。她告诉他们，她的一位堂姐嫁到客家人那儿了。堂姐夫是农科站的人，堂姐在家里就搞这行当，是个专业户。她在那里学来了这门手艺，还学得一身水上功夫。她还和堂姐上过州府呢。讲到这里，杨通福他们眼睛都大了："你还上过州府？""那有什么！过两年我还要去北京玩呢！阿姐他们就去过省城。他们讲过两年来邀我去北京。"回来后，她跟姐妹们合计了，选择条件好的杨梅冲，偷偷搞起一个规模很小的种植场来。这些都是收成。末了，她告诉他们，她们合计好了，把这次卖得的钱用来扩大种植场，把整个杨梅冲都利用上。她们还要试验种植黄连、天麻等名贵药材。不过，这都是两三年以后的事情。过段时间忙完了，她又动身去堂姐家了，请堂姐夫来杨梅冲这里指导生产。

"现在不是什么都讲'承包'吗？我们就在技术上承包给堂姐夫。这样，我们也就更加可以放心去干了。"

"你们是挣钱办嫁妆吧？"

"哪个讨上你们，准有福分。你们就是太厉害了，像金果果，好看，但不好吃，最能刺人。"

"喂，你们肯要我们吗？我们愿意嫁给你们半个天呢！"

"哈哈哈……"男人们七嘴八舌起来。

"讲什么三角四耳的话！我们用来做嫁妆又怎么

样？到条件成熟的时候，我们就开始办嫁妆了，要不要事先给你透个信？我们要办一个文化室。到时候大家都可以来学点东西，请堂姐夫的阿弟每年一到学校放假就来教学。他是省农学院的学生，晓得好多的事情。要富起来过上好日子，得有文化、懂知识。我们还要在河谷里开辟一个球场，农闲时进行比赛。堂姐夫他们那里就搞得很好，我还打过球呢。赢的就奖励一套文化室的课本，还可以免费来学习。”

“这么说，我们都得像小娃崽上学一样交学费？”

“那当然。这就叫‘商品经济’嘛！不过，学费都会用在大家身上，我们不赚一分钱。文化室就算是我们留给白云山的嫁妆吧！”

“为什么你们不早一点讲给我们听？”

“你们看不起人，讲了，不拿我们当古款才怪呢！”

“几时？哪有这号事情？”

“还讲没有！那天，在白云河边，人家才刚刚开口，你们就塞过来了：‘听听，戴耳环子的也想翻转了！’你们就是站在白云山顶看人，你们就晓得倒人家的米桶。讲句实在话，你们总是以为你们有力气，是拉山、放排的能手，以为出来过，见过大蛇屙尿，就是第一了。你们现在有树砍，再过几年、几十年呢？还有得砍吗？树会越砍越少，得想别的办法才行。你们有的是力气，水上功夫又好。木场镇不是正缺少沙子起楼房吗？州府更加缺少。下游的浮石圩有个沙石场，专收购沙子。我们白云河有那样好的白眼沙，用船装下去卖，这总比砍那么多树好呀！一年四季都可以做这行当！听堂姐夫讲，他们那里已经封山了，不许乱砍滥伐，要防止水土流失。我们白云山也快成秃顶山头了。对了，我们还要开辟一块山坡地，育树秧，分给各个山寨，都种上。十年后，我们白云山保准又见老虎了。”

“我们也参加，得吗？报纸上讲过的，男女都一样。你们顶半个天，我们顶半个天，合起来就成一个天了，总要比半个天大一倍呀，再说，我们有力气。”

“那……你讲，我们女人家行吗？”

“行！”

“你还倒人家的米桶吗？！”

“我对白云山发誓，再这样，我就挨水鬼吃，我就变成乌鸦！”

“没有水鬼，哪个也变不成乌鸦！”说着，她仰天大笑起来，“你讲过，请吃三天油茶。”

“堂堂男子汉——我不讲这个了。我请。”

“你讲过，头朝地走。”

“我头朝地走，从河边一直走到寨子头。可我要……我要你喊……喊我声阿哥！”

她的脸更加红了。她埋下了头，深深地。

水拍打着木排，有时候，水珠子会跳上来亲吻人，一下子，便融于人温暖的躯体了。她那笑，更加亲，更加甜。而此刻这些狂暴不驯的水，在她那双水灵灵的眸子里，变得那样温存、柔顺。什么无情滩啊，水鬼礁啊，都不当一回事，只是想着排儿快些走，奔向心中早已种下的希望……

“阿哥！”

（原载于《苗锦》1984 年第 3 期，有删改）

江上的春

离河口寨三里地有一条寻江河，从白云峰流出来的白云河在那里流入它的怀抱。平日里，河水静静的，好像一个刚出生的娃崽，安安静静地躺在母亲的怀抱里，张着嘴，轻轻地含着母亲甜甜的乳头，听着母亲唱好多好多的歌谣。寻江河也有欢快激动的时候，那是春天，春水来了，河面宽了，河里的船会在你面前一闪而过，下去老远老远的，你不仔细看，还很难辨得出掌船的是后生，还是姑娘。

也讲不清楚是哪一天，也讲不清楚是什么原因，山花映红山崖的时候，岩香就爱一个人来这江边玩耍。这是初春，山是绿的，水也是绿的，岩香的头上别着一朵很好看的山花。很早的时候，你会看见雪地里有一串小小的脚印，从她外公家的木楼里出来，穿过寨子，一直到远远的河边；你也会看到，在那红绿相间的世界里，有一个小小的身影。外公常常拄着手杖跟在她的身后，来到寨子前的大枫树下，咬着烟袋嘴，久久地凝视着，最后，轻轻地叹息一声，才转身慢慢地回去了。

原先岩香并不是这样的，她也跟寨子上的娃崽们一起玩耍。虽说是寒冷的冬天，但娃崽们很快乐。寨子后边的芦笙坪子是娃崽们最爱去的地方。暖烘烘的太阳从白云山探出圆圆的脑袋来，坪子中央的大枫树上的画眉鸟叫了，娃崽们在那里又唱又跳。早先，那边山的枫林寨的娃崽们还在的时候，他们就玩“请客吃饭”。枫林寨的娃崽们回寨去了，他们就玩“弄家家”。他们很会分工：一部分男娃崽去打柴，另一部分留下挖炉灶；女娃崽则去拿米讨菜，总有一个女娃崽在大树下，哄着那一群想象中的儿女们。岩香从来都是做树下这个的，当她轻轻地哼着歌谣时她就像一位慈祥的母亲。

排排坐，吃果果，
弟弟睡了留一个。
拉拉手，唱起歌。
云儿不走了，小鸟不唱了，
太阳公公眯眯笑，月亮婆婆开门口。
……

有时候玩厌了，女娃崽们就围在一起，讲哪家的阿哥讨了个中用婆娘，哪家的阿姐哭嫁哭得最伤心……有时候，她们也哭，学着大姐姐们哭，还拉上男娃崽来充当新郎官。有一天，娃崽们玩得很晚，他们不是阿爸来接就是阿妈来接，而岩香却没有，只有外公拄着手杖站在木楼前向远处望着，等她自己回家。她看着伙伴们远去的身影，心里酸酸的，直想哭。于是，第二天他们再来叫她时，她不去了。

岩香来到了江边。江面上的风真大，把她的脸和小手刮得通红。

她顺着江边往下头走。很小的时候，阿妈告诉过她，在下头不远的地方，有一个很美的回水湾子，还有一块大大的黑石头，讲到这里，不知道为什么阿妈却哭了。透过晨雾，可以望见那个回水湾子。她走过去，前边的大石头背后冒出来一股烟，她感到惊异。于是，她轻轻地走了过去。石头边生着一堆火，可是没有人，倒有一个瓦罐架在火上，里头的水“咕嘟咕嘟”地沸腾。她坐了下来，伸出冻得通红的小手，烘烤着。

“哪个人烧的火呀？”她轻声地自言自语道。

火烤得久了，口有点渴，她想端起瓦罐喝水，由于太烫，没有喝成。她又想起了坪子上的小伙伴们，想起他们的“家家”，想起她们的“哭嫁”。她掰着手指头，算着这回该轮到哪一个哭了，猜着可能拉哪一个来扮新郎官了。

江里头传来划水的声音，一只小打鱼船钻出了迷茫的晨雾。打鱼人是一个三十多岁的汉子，脸上长着很长的黑胡子，那眉毛又黑又浓，眉头皱得紧紧的。有时候，他的眼睛在江面上搜寻着，透过雾和水，仿佛看到水里头游着的花边鲤；有时候，他却是昂起头，望着水汽围绕着的河口寨，也许是在寻找一个人，也许是在想着什么事情。

他把小船靠了岸，拎起一条花边鲤，走过来了。

“你！”看见岩香，他感到有点惊讶，“小姑娘，你一个人来的？”

岩香轻轻地点了点头。火快要熄灭了，她添了几根柴火烧，一下子，火苗蹿得老高老高，火苗几次蹿起来想亲吻她的脸，她的脸被火映得绯红绯红的。

他不再问下去，而是把花边鲤架在火上烤着。鱼儿散发出它特有的香味，他分外惬意地闻着鱼儿独特的香味。

岩香渴了，她还感觉到肚子饿了，早晨起来到现在，还没有吃过东西呢！

打鱼人突然想起了什么事情，他站了起来，走到船边，弯着腰在那里摸了好一阵子后，拎出一条花边鲤来。

他把它烤熟了，烤得直冒油。他递给岩香，岩香也毫不客气地吃了起来。一大一小，在这个初春的早晨，在这个雾气重重的河边，相会了，不必互相探问，好像早已认识，命中注定会有这么一天，他和她之间，或许有着什么缘分，或许只是偶然走到一起。

太阳出来了，河中的水汽慢慢散了。打鱼人看了好一会儿岩香，又返身上船去了，他用篙子一点，小船驶出了小河湾。他高高地举起手，挥动几下。岩香站了起来，也对着打鱼人挥动小手。

打鱼人走了，岩香一个人坐在火边。她想做点什么，可一时又想不出该做点什么。她把鱼骨头丢进了火里，一股焦香味飘了出来。

岩香笑了，她觉得她该去捡一点柴火来。打鱼人捡的柴火不多了，等他下次从河里边回来，一定很冷很冷。她应该去捡一大捆柴火回来，烧好一堆大大的火，让他回来烤得暖暖的。于是，她沿着那条小路，上了前头的小山坡。

小船驶回来了。岩香把柴火一根一根地架在火上。烈火熊熊，她那美丽的脸沁出了一颗颗汗珠。打鱼人上了岸，他高兴地笑了，满意地烤着冻得冰凉的手。

太阳升得更高了，天气变得暖暖的，天更加蓝、更加深了……

“我准备走了，回去赶早市。你去我家玩玩，好吗？”

“不去。外公不晓得，见我不在会急出病来的。”

“谢谢你给我看火，还帮我捡来柴火。明天，你还来吗？”

“还来，来帮你看火。”

他们就这样成了朋友，一个打鱼人和一个小女孩。打鱼人临走前送了两条活蹦乱跳的花边鲤给她。

打鱼人走了，小船渐渐远去，消逝在那蜿蜒的河水中。岩香灭了火，把剩下来的柴火拢成一堆，然后才拎起鱼回家。

第二天老早，岩香就来了。可是，当她到这儿的时候，打鱼人早就点燃了火，下河去了。火边有一堆很大很大的柴火，还有一个锅和两个碗。她很难过地低下了头。她本想来早一点，生好火，让打鱼的阿叔一进这个小湾子就感到暖烘烘的。去年秋天，她就开始每天早起了，起床后先把火塘的火生起来，烧热水，然后端上小木盆，放好毛巾，等外公的床一有响动，听到下地走路的声音，她就倒好热水，等着外公出来。刚开始几天，她觉得不怎么习惯，久了，渐渐就习惯了。

这时，江面上出现一条小船，打鱼人站在船上挥着手，岩香也跑到江边，挥动着小手。

“我们煮鱼汤喝。”打鱼人把两条花边鲤放到锅里，加上水，架在火上。他站了起来，对岩香说：“你好好看着鱼呀，莫让它干水了，我再去一趟。这条江的花边鲤真多啊，还跟从前一样……”他突然不说话了，接着低着头。他长长地叹息一声，转身上了船。他捂着双桨，昂着头，望着云雾中的河口寨。他慢慢地转过船头，向前驶去……

“鱼汤真好喝！”岩香一口气喝了一大碗。

“是啊，它好喝，也有营养。你懂得什么叫‘营养’吗？就是对身体有好处的东西。像你这样的小孩子就更需要它！”打鱼人又给她舀了一碗。

“给！”岩香从背后拿出一个竹筒，“外公叫我带来给你的。”

打鱼人接过竹筒，打开盖子，一股浓浓的香气扑鼻而来。“真香啊，这是‘重阳酒’，谢谢你外公……有六年没有喝这样的酒了……”

“以前你喝过？”

“嗯！”打鱼人猛地喝了一大口。他深深地叹了一口气。“真香呀！六年了哟……”他又喝了一大口，“你也喝点吧！”

“我不会喝。”

“对，对，不应该喝，学喝酒有什么好呢？喝酒会使人变坏。”

“不对，我阿妈也喝酒，我外公也喝酒，他们都是好人。”

打鱼人笑了，轻声地说：“是好人，你也是。”

岩香笑了，她跑过去搂着打鱼人的脖子，说：“你也是！”

打鱼人苦笑一下，轻轻地摇了摇头。

春燕飞来了。

很晚了，打鱼人还没有开船回去。他告诉岩香，今天他不去赶早市了，他要和岩香好好地玩玩，他要陪她上山采花，下河看鱼。他还告诉岩香，过几天春水就发了，他就不来这里打鱼了，他会去木场镇钓大水鱼。

“你还来吗？”

“来！水退下去了，我就来。我们还一起喝鱼汤。”

下了船时，打鱼人说：“你在这儿烧火等我，我去打几只斑鸠来。”打鱼人扛着打鸟枪走了。岩香久久地望着打鱼人的背影，直到打鱼人消逝在万花丛中。

刚才，打鱼人把岩香抱在船头上，叫她坐下不要乱动。他便撑开船，在江里兜着圈子。岩香第一次坐上了船。平日里，外公和阿妈是万万不让她坐的。农闲时节，寨子时常有船下木场镇，人家都邀她去，她也想去，外公和阿妈却不让她去。

“等我再长大一岁，我就跟外公讲，去你家玩，可以吗？”

“得。”

打鱼人回来了，斑鸠没有打到，倒是得了几只别的鸟儿。这也是令人高兴的。他们动手拔鸟毛，然后用竹条支好，架在火上烤。油滴在火上，噼啪地响着，那香气叫人直咽口水。

“你怎么啦？”岩香一抬头，望见打鱼人的脸发紫，大汗直往外冒。打鱼人的目光呆呆的，话也讲不清楚了。“啊？！”岩香发现，他的脚上有一丝很难看得出的血迹，她惊得嘴巴张了好久都没有合拢。“是这‘草标’咬的！”打鱼人回答说。“草标”可是狠毒的蛇。开春了，困了一冬的蛇都先后出来了。别的蛇懒懒的，有气无力，而“草标”可不，它神气得很，上树捉鸟崽，下沟捕蚂蚱，样样都行。“这……这……”岩香急得哭了起来，“这可怎么办才好呢？回去叫外公来。外公是寻草药出身的，有治蛇咬的偏方，这是整个白云山都晓得的。可是，来回这么远，来不及了！”

突然，岩香想起了外公曾经告诉她的话：如果被蛇咬了，就用绳子绑住伤口的上头，用嘴巴将毒血吸出来。岩香把衣裳的带子割了下来，用力扎好打鱼人的脚，随后伏在地上，用小嘴吸着打鱼人脚上的伤口。一口，两口，三口……岩香趴在地上，她的小嘴肿肿的。

打鱼人醒了，他吃力地坐了起来。绑着绳子的脚麻麻的，他费了好大劲儿才将脚移动一些。

“快醒醒，快醒醒！”他探腰抱起了岩香，“睡觉也不能躺在地上呀！春里头湿气重，会生病的。”当他看到岩香的嘴时，他惊呆了。他放下岩香，想起身去端水，可脚痛得很。他这时才注意到脚上的伤口。他什么都明白了，他将岩香紧紧地抱在怀里，泪水滴在她红肿的小嘴上。

打鱼人拿过水罐子，把水倒在她的嘴巴里，可水又流了出来。他反复尝试，好不容易把水喂了进去……不晓得过了多久，岩香醒了。打鱼人将脸紧紧地贴在她的小脸上，嘴里说着：“谢谢你，谢谢你！”岩香觉得脸上痒痒的，她晓得，那是打鱼人的胡子刺的。她也紧紧地依偎在打鱼人的怀里，多暖和哟！她第一次有这样的感觉。分别时，打鱼人和岩香都是依依不舍，两个人都哭了，打鱼人没有出声，而岩香却是号啕大哭。好几次，打鱼人的船离了岸，没驶出多远，却又返回来。最后，岩香丢下站在岸边的打鱼人，拎着两条花边鲤跑了，头也没有回。打鱼人对着远处的小身影深深地鞠了一躬。他上了船，捂住了桨。打鱼小船在江里头打了几回圈子，才向下游驶去。这时，从大石头后面探出一个小脑袋，接着整个人站在大石头上，对着差不多看不见的小船挥动着小手。

春水发了，大石头只剩下一个小小的黑点了，回水湾显得更大了。

岩香站在高坡上，望着下游的江水出神。她和打鱼人约好了的，等到春水一退，就又在那块大石头后边相会。每天早上，她都要站在这个高坡上看上一阵子，并且还时常掰着手指头数着，该有多少天水就退了，打鱼人就来了。每一次，她最注意的要数那块大石头了。它又露出高高的头了，等到它完全出现时，她就拎上一筒重阳酒，一大早就到那儿去。大石头哟，你知道岩香做了多少个甜美欢乐的梦呵！

天刚蒙蒙亮，你就会看见，那棵大枫树下的木楼燃起了火，接着飘来香香的酒气。再过一会儿，门吱地开了，然后出现了一个小小的身影。那小身影下了楼，向河边走去，她的身后，跟着一位老人。老人照例是站在寨子头，望着弯弯山道上的小小身影，还有一长串歪歪扭扭的脚印。这次，他没有叹气，而是轻轻地笑一笑，然后转过身子，慢慢地往木楼走去。

大石头后面已经升起了一堆大火。岩香到的时候，打鱼人已经下河去了。火边有一个锅头和两个碗，锅头里头放有两条花边鲤。岩香把锅头架在火上，倒上水，烧起鱼汤来。

打鱼人从江里回来了。他抱起岩香，在她的脸上亲了一下。岩香搂着打鱼人的脖子，也在他那长满胡子的脸上亲了一下。当她收回嘴唇时，才发现，打鱼人这次刮掉了黑胡子，显得那样的年轻、英俊。他们先是喝着鱼汤，后来打鱼人喝起了酒，是岩香带来的糯米重阳酒。

这一回，岩香破例也喝了一口，呛得她眼泪直流。她第一次觉得，这酒太香了，太甜了。

他们下河去了。岩香坐在船头，打鱼人在船尾摇着桨。打鱼人说，这一回他不打鱼，他要让岩香逛个够，他愿意花那个工夫陪她。

江面上真好看呵。云雾也真怪，远远看去，它们在那里翻腾涌动，高歌欢舞，好似那后生和姑娘在吹芦笙、跳踩堂……可当你一过去，想看个真切，却什么也不见了，当你回头时，它们又出现在你的后头，它们都是很害羞的！

岩香掏出准备好的木叶，吹了起来。清脆的木叶声在河谷中回荡。云雾拢了过来，燕子也从四面八方飞来了，太阳公公也探出了圆圆的大脑袋，江里头的蓝刀、花边鲤，还有好多叫不出名字的鱼儿都跃出水面来了。

“吹得真好听！有六年没听了……”打鱼人又默默地低下了头，好像想起什么事情来了。小船顺着江水向下漂流。

“阿妈教我的，她还教我唱歌，也常讲故事给我听。”她看着打鱼人说，“我讲一个阿妈讲的故事给你听，你愿意听吗？”

“你讲，我愿意听。”

“很久很久以前，白云山有两兄弟，他们的阿爸阿妈都不在了。阿哥讨得一点饭，先让弟弟吃，晚上怕弟弟着凉，就把自己的衣裳脱下，盖在弟弟身上，自己盖一些乱草……哥哥十八岁了，弟弟十二岁。春天来了，哥哥下河打鱼，打得鱼来煮好后，将鱼身留给弟弟吃，自己咬鱼头。后来弟弟渐渐变懒了，哥哥实在是看不下去，有时讲他几句，可他没听得进去。有人戏弄他：‘你真笨呀！你哥天天吃鱼脑壳，却给你吃鱼尾巴，鱼头肉多，细嫩香甜，鱼尾巴刺多，肉粗不甜。’弟弟听后开始记恨起哥哥来。一天早上，下了一场大大的雨，河水猛涨。哥哥想，涨水正好捞鱼虾。于是，哥哥拉着弟弟扛起虾把来到了河边。捞呀，捞呀，一条又一条活蹦乱跳的鱼装进了弟弟背的箩筐里。看着一条条鲜活的鱼，弟弟心想：如果没有哥哥，我不就吃上又肥又嫩的鱼头了吗？哥哥可恶，欺负我小。他越想越恨哥哥，趁机把哥哥推下河里。回到家里，弟弟把鱼煮好，夹起鱼头就咬。哎哟，都是骨头！再吃鱼身，又鲜又嫩。弟弟才知道自己错怪了哥哥，不听哥哥的话，害死了哥哥。他后悔呀，当初不该太懒，不该轻信坏人的话。弟弟来到了河边，望着滔滔江水。哪里还见哥哥的影子呢？他想：如果能变成一只鸟，他就要顺着河，一直找到哥哥为止。他大声哭呀，喊啊，突然一道闪电，弟弟不见了，只见一只鸟儿在河面上飞，它一路飞一路喊：‘哥呀，哥呀……你在哪？我错了……’”

“妈妈叫我不要学弟弟，要学哥哥。”

“你阿妈真好，她在家吗？”

岩香的目光暗淡下来。她站起来，指着河口寨对面的一个山坡，说：“阿妈搬到那里去住了。外公讲，她得很久很久才回来……”

打鱼人过来紧紧地抱住了岩香。

第二天一大早，打鱼人就站在大石头旁等着岩香了。这一次他没有下河，也没有生火，而是提着一包东西，拿着一把卫生香。

“为什么你不下河去了？为什么你不生火了？”

“今天我不打鱼，我们一起去看你阿妈，好吗？”

“得，我早就想去了，外公不让我去。我听说那里没人，我一个人不敢去。”

“你阿爸呢？叫你阿爸带去不行吗？”

岩香低下了头，不知该讲点什么才好。

“他不带你去？”

“我没有阿爸。人家都有阿爸。可我为什么却没有？我问过阿妈，也问过外公，他们都不说话。阿妈只是哭，一哭就没个完，外公坐在火塘边猛抽烟。本来我也跟寨子上的伢崽们玩的，那天我们玩得太晚了，天都差不多黑了，他们都有阿爸、阿妈来接，我没有。外公的脚痛，走不了路。我一个人跟着他们的屁股回来。后来，他们再来叫我，我就不去了，我就来这里了。你真好，你跟我玩。”

打鱼人抱起岩香，他想安慰她几句，可一时又不知该说些什么才好。她还小呵，她能听得懂吗？这小孩子，这么小小的年纪，就遭受如此的不幸，多可怜，她还不怎么懂呢。

前头就是坟地了。岩香指着杂草丛生的一座小坟墓说：“外公讲，在大米锥树后的第六座坟，阿妈就住在那里。”

打鱼人放下岩香，在坟头上摆好食物，点上香，把三杯酒一滴一滴地倒在坟前的地上。香烟缥缈，山风习习。“她的坟在哪儿呢？”他又想起了曾经使得他长夜难眠的人。他很对不起她，欠下的那份债他一辈子也难以还清。去年在木场镇，听说她为了救两个外地客商，被突发的山洪卷走了。半个月后，水退尽了，人们在一丛竹蔸里找到了她的尸体，面容已无法辨认。她不在了，今年他才敢驾着打鱼船到河口来。

他坐在坟前的草坪上，望着对面云雾缭绕的河口寨，六年前的事，清清楚楚地浮现在他眼前……

那时，他正年轻。他在这河口上风里来雨里去，不知有多少活蹦乱跳的鱼进了他的船舱。他骄傲，他得意。可不，当鱼儿在舱里蹦跳的时候，当载满鱼儿的打鱼船沿着铺满阳光的河面返航的时候，他常常会情不自禁地唱起歌来。他的歌唱得好听极了，他的歌声常常会让竹林中的画眉羞红脸。他充满青春的活力，朝气蓬勃。他的歌声、他的动作，深深地吸引了河口寨多情的姑娘。每当他驾着小船，顶着晨雾来的时候，都会看到一位美丽的姑娘在河边洗衣裳，不管刮风下雨，落雪打霜。河口寨离这里可有三里地呢！有时候，实在没有衣裳可洗了，她就提上一篮子的菜，洗了一遍，又从篮子里倒出来，继续洗起来……菜越洗越少。他的身影连同他的歌声在河谷消逝了，她还呆呆地站在河边。

一天，她又来了，却不见江里头的他。过去，每当这个时候他总会唱着歌子，顶着晨雾在江里打鱼的呀！她感到身上丢了一件顶要紧的东西似的，她顺着江水往下走。也是在那个回水湾子，她看到了一条停靠岸边的船。再往前走，她看见一个人趴在地上睡着了。“你们镇上的人真不懂事，哪有大冷天的睡在地上啊？”说完，她呆了，她看到他的脸发紫，口吐着白白的泡沫。她三步两步跑了过去。凭着跟阿爸学来的医道，她明白这是被“草标”咬的。她很快就找到了伤口。她趴了下来，用嘴吭吸着后生的伤口。她无力地站了起来，走到江边，捧起水洗漱嘴巴。然后，她赶快上山去寻药。过了好一阵子，她寻来了草药，立即生了火，煨好了药。她将后生抱在怀里，喝一口药，挨紧后生的嘴巴，用力将药吹了进去……后生醒了，当他看到自己躺在一位姑娘的怀里时，他想起身，却没有力气，但他感觉到那颗跳动的心了。

他们相爱了。

每天早上，姑娘都生好一堆火在这里等着后生。他们一起下河，一起打鱼。姑娘很快就学会了游水，学会了驶船，学会了打鱼。

那一天早上，他坐在姑娘的对面，目不转睛地、久久地凝视着姑娘。姑娘低下了头，脸羞得像山里的杨梅那样红。后生再也控制不住自己的感情，紧紧地搂住了姑娘。

也是这么一天早上，姑娘低着头，轻轻地说："我有了……"

他们好久都不说话。临分手时，姑娘期待地看着他。后生避开姑娘，望着初升的太阳，好久，他才说："我回去想想办法，明天见。"

从那以后，后生再也没有来。姑娘的肚子一天比一天大了。阿爸看着女儿的肚子，或是久久地闷头抽烟，或是长长地唉声叹气。乡亲们愤怒了，他们要拉帮下去，按照古老的山规寨律，去吃空后生的家，让他倾家荡产。姑娘赶到江边，拉住了领头的手，跪了下来，请求他们别去。

"唉！你心真好。那小子的心喂狗去了哟！"

孩子生出来了，是个女儿。后来姑娘再也没有去嫁人。

香快燃尽了，打鱼人又上了新的。

"你怎么哭了？外公讲过，爱哭的人不乖。"

打鱼人抱住岩香。他的脸紧紧地贴在她的小脸上。

本来，当初他是打算来的。可是，由于家里各方的压力，他退却了。也许该是命中注定，他结婚后，老婆难产死了，连同儿子一起。后来，他也没有再讨老婆。

他几次都想来认他的女儿，特别是知道她死了以后。他想接女儿下去读书，女儿该有六岁了。可是他怕，怕那古老的山寨，古老的山规寨律。这次他重新上来打鱼，特地留长了胡子。他也没敢在离码头近的地方停留，没敢让河口寨的人多看他几眼，他怕他们会认出他来。不过，他是十分希望能够在江边看见一位洗菜的姑娘，或是带着女儿的妈妈。

“你阿妈叫什么名字？”

“岩花。”

“啊？！”他的心颤抖了：命运啊，你为什么这样安排人的生活呢？眼前的救命恩人，刚刚结交的小朋友，天真可爱的孩子，竟是自己的女儿，自己的亲骨肉！他把岩香搂得更紧，潸然泪下。

他用力地拔着坟上的草，岩香把拔下的草搬到一边去。可以看得出，这座坟已多年没人铲了。他的手划破了，血沾湿了草，还滴在小坟的泥土上。

“爱人哟，能不能原谅我？这些年来，都是因为我，你受苦了。不，你不应该原谅我，你应该出来，狠狠地骂我、打我。”

夕阳西下，西边的天血红血红的。

坟上的草全都拔光了。

打鱼人抱着岩香，站在坟前。

打鱼人抱着岩香，走在那崎岖不平的山路上。

山路弯弯，山路长啊！

他们没有往江边走，而是朝着河口寨那边走去。

他的泪水依然止不住地流着。

（原载于《民族文学》1985 年第 8 期，有删改）

三月的雨

三月的雨哟，飘飘忽忽。像一条条细链，在空中飞舞；如一根根银丝，在天上飘拂。

原先清晰可见的山峦，绿得快要冒油的杉树林、竹林，引吭高歌的画眉……此刻，都被迷蒙的雾气盖住了。那条白云河，也仿佛要升腾，使劲地把水汽甩出。沿河道上去，西边的山坡，隐隐约约出现人家，一式的吊脚楼，透出淡淡的火光，很久，才有一点点油茶香味透过层层水汽漏出来。

冬日里的寒气没有退尽，加上迷蒙的雨，该去做些什么才好呢？又能做得了些什么呢？人们照例是串门款款家常。学校也把课改成中午上了，因为春水一来，寨子下头的河水没过石墩桥，过不去，只得绕好远的路。这里不需赶春，山高水冷的，种的是单稻和早禾。

太阳仿佛也惧怕这三月的雨，迟迟没有探出头来，天昏昏的。寨子中一家小小的木楼发出了响动，接着火光透了出来。咪罗坐在火塘边，借着淡黄的光，把东西放进篮子里，用一块布盖好。大家一直都不晓得她叫什么名字。她是从对面的寨子过来的。有一次，下去赶场，对面寨子的人管她叫咪罗。她在黑暗中摸索了好一阵，把小竹椅移近火塘，慢慢坐了下来，解开盘发，用那把闪着油光的、缺了齿的梳子长久地梳着。六十多岁的人了，头发还是那样黑。梳理完毕，她把头发一圈一圈地盘好，那么地用心。她捡起一朵小茶花，插在头发上。拍拍身子，理理衣裳，提上小篮子，开门出去了。

穿过窄窄的夹道，绕过寨头的大树，下坡，盘过水田，消失在迷蒙的雨中……

这个时候，寨子的人们照例走出火塘间，倚靠在回廊上，目送咪罗的身影消失于雾气中，依旧是望着。过了好长一段时间，人们估摸着她该走到了，便叹气，转过身子，走进屋里了。

她是去看儿子的。

河边的水越来越大了。透过雨可以看到，有一个身影定定地坐在那棵枫树下，直勾勾地望着河水。河水比以前涨了些。连接两岸的大石墩桥，差不多被河水没过去了。两头的岸边，都有几根木筒，好几年前的了，都长出了菌子。那个时候，有一座木头桥，每年的春水一过，队上就派工架修。

咪罗站起来，走近木头，那干瘦的手摸了又摸。她转过身子来，先是轻轻地叹了一声气，接着，便安静地望着对岸。水汽渐渐淡薄了，天更加明朗起来。咪罗的脸上透露出一丝淡淡的笑，仿佛在心理上获得了什么满足，或许她已经看到了什么希望之光。

雨也小了，风也歇口气了。这时，河水发出了一种轻微的响声。太熟悉了！咪罗提上篮子，异常敏捷地跳上河边的一块大黑石。第一股春水发了。她揭开盖子，从篮子里拿出一只熟鸡，一卷叶烟，在水头冲涌到脚下的时候丢放下去。水头撞击着大黑石，溅起的浪珠很高，打湿了咪罗的裤脚。鸡一下子就不见了，而叶烟，还能漂好久好久……

咪罗出现在大树下的那一刻，寨子上的人又走出火塘间，看着她走过自己的楼底。

没过多久，那座小木板楼就传来了打布机子的声音。大家都晓得，她又在织锦了。人们也记不得是从哪一天起，一有空闲，她就坐在木楼里织锦，仿佛那就是她的乐园，在那里，她能舒心地笑笑。有时候，果真有人听到她难得的笑声。一寸一寸增长的锦，会给她带来莫大的慰悦，打发难熬的时光。

那一回，也是这么一个雨天。

山寨开始把田、地、山林分给大家，让大家自行做活路。寨上的人一致赞同，应该划一块好田良地给咪罗。二十多岁死了老公，三十多岁时儿子去上学让春水卷走了，只剩下自己孤零零的一个人。咪罗不要田地，她只是说，能把她屋后的那块山坡地给她就得了。这怎么能行呢！那是一块既种不了旱禾，又养不大苞米的地呀。外头人会怎么议论我们寨，讲我们欺负孤寡婆婆呢！

咪罗再三讲了，她就要那一块。大家明白她的心，她不占大家的好田地。也好，秋后收获了，大家拨出一点粮食给她。再说，地就在屋子后头，好做工。寨上最后还决定把那块坡地旁的一小丛竹子也划给她。

过了几天，突然听不到织机的声音了。大家相互会心地笑笑，点点头。她总算歇手了。

又过了几天，不见咪罗出门。有人放出话来了，早晨和夜晚都不见火光。这个，这……这是不是……人们忙碌起来了，准备办理咪罗的大事情。老支书专门委派两个后生，绕到河上头，跑了几十里地，买回了百头炮仗。一切就绪。大家都不晓得咪罗还有什么亲戚在哪个地方，也就没有办法去通知。如果有那么一天，有人来问了，寨子就请他吃酒，告诉他这么一件事情，请他看看，寨子还是把事情给办得很体面的。第二天一大早，人们都主动集在芦笙坪子上，互相看看，都不讲什么话。有些人惦着旧时咪罗给过的好处，有的则想到她孤零零的，怪可怜，忍不住落下泪来。后来，就有人忍受不住，哭出声来了。老支书领着几位上了年纪的老人，来到咪罗的木楼下，老支书先上去，轻轻推开门，他们才跟着上去。屋子里冷清清的，火塘里的灰死了好几天了。老支书抱来柴火，点燃起来，火光映出的脸都是沉痛的。老支书看看几位老人，使了个眼色，起身，走进了咪罗住的那一间小屋子。

“这……这……快来呀！”老支书大喊着。

电筒光下，床叠得整整齐齐的。可是，人呢，人呢，人到哪里去了？

本来，雨天过去了，该去开田了。可是大家都不去。人们坐在火塘边，久久都不说话。男人们咬着烟嘴，都忘了添烟叶。女人们本想打鞋底子，借以打掉心头的那么一个东西，可是，鞋底子的针脚老是给打歪了。

大家都在等着，等着。他们要等出一个结果来。

呵呵，回来了，那熟悉的声音。

大家都跑出火塘间，站在回廊上，望着那一座小木板楼，都笑了。

老支书披上衣裳，下了楼，在夹道上走着。那几位老人也拄着拐杖，来到了咪罗的木楼下。互相望望，由老支书带头，上了楼，推开门，进去，又关上了。良久，听到了那“哈哈”的笑声。人们长长地舒了一口气，互相望望，会意地一笑，各自回家去了。接着，听到伢崽的笑声，妹崽的歌声，就连笼子里的画眉鸟也都叫得格外好听。此刻，窄窄的夹道留下了冒着热气的牛屎，山野里吹来暖暖的风，山谷中回荡着小牛的声音。

第二天一大早，人们又听到了那熟悉的脚步声。大家探出身子来，看见她提着那只做梦也不会忘记的小竹篮，一步一步地向那个地方走去。

天愈来愈显得高，觉得深了；云愈来愈显得洁，觉得白了。清晨，那条河依然有着灰白灰白的水汽，像一条小白龙在山野里游动，可太阳一出来，一碗油茶的工夫，水汽就消散于白云山的早晨里了。那青青的山峦，绿滴滴的杉树林、竹林，还有一座座掩映于绿杉丛中的吊脚楼……仿佛是清水洗涤一般，愈加惹人喜爱了。一层一层的山冲梯子田，泥浪翻动着；后头的鸭鹅跟着寻吃养了一个冬天的小虫子；就连那燕子，也脱掉了旧羽衣，长大了许多。一切都使得人感觉生活是那样的充实，世道是那样的顺人心意，身上的血是那样的炽热，在奔涌着。

开始，人们还停下手来，探讨来年的工夫和活计，还掏出烟叶，互请品尝一番。照例是嘻嘻哈哈，乐乐癫癫的。之后人们慢慢地改了，起先还能见面笑一笑，打声招呼，后来干脆点一点头，擦肩而过。时节不饶人啊！大家要育秧子，赶播种子，还要打柴火什么的，忙得连和家人聚聚的工夫也没有了。

咪罗也停下了多年来没有停下来的活儿。好几天都没有听到她家传来的织机声了。大家都忙于自家的山呀、田呀，已经没什么感觉了。早些时候失去这样的声音，人们就会觉得这个世界像是失掉了什么。咪罗起得很早。太阳还没有起来，她就已经在屋后的坡地上弓着身子，细心地挖着地。她挖的地怪极了，既不是一片挖过去，也不是分行分块来锄，而是隔几步深挖一堆，把土块儿捣得很细很细。她常常是直起腰来，用手擦了擦额上的汗滴，随后用力一甩，仿佛把疲劳及汗水都甩在这土地上，增添一点肥力。再过不久，她便放下锄头，坐在新挖的泥土堆旁，微微笑着，久久地望着东边初升的太阳。

老支书走了过来，他拿起地上的锄头，埋头就挖。开始，她只是说，支书莫挖了，她已经挖好了。可支书看看这蛮大的一块山坡地，摇摇头。咪罗生气地夺回锄头，大声说:“你去你去，这不用挖了，我已经挖好了。”老支书看看她，又看看地，想说些什么，最后还是没有说出声来。他慢慢转过身子，离开了。

老支书转过坡那头去了。咪罗怔怔地望着那条小路。

过了几天，她扛来砍好的竹子，一点一点地将这块山坡地圈围起来。老支书领着大家都来帮她。这一次，她没有赶他们走。她端来了刚刚烧好的茶，请他们喝。他们都不理解咪罗的这些做法，但却没有哪一个人问。

半个月过去了，山坡地上仍旧是那个样子，咪罗也好久不露脸了。

刚开始，各人忙各人的，没有哪个想起她的地，想着该帮她种些什么。田里的谷播了，坡上的苞米也点了。人们伸直腰杆的时候，细心的人发觉咪罗那块地连个样子也不成，更莫讲点苞米种了。晚上，寨上的年轻人悄悄爬进她屋后的坡地，准备帮她赶夜工，挖好地，点好种。他们刚刚开锄，咪罗家后门就吱地响了。咪罗探出身子来了。后生仔们赶紧蹲下躲了起来。咪罗还是看见他们了，她大声喊道："出去，你们都给我出去！"后生仔们乖乖地出去了，可他们仍不甘心，几次想等咪罗进屋了再去挖，咪罗不让。第二天晚上，他们再去的时候，看见咪罗把席子也搬来地头了。他们好心疼哟！山里的夜晚凉哟，要是咪罗病出个什么事情来，那可就不好了。于是，他们只好把锄头留在外头，进去请咪罗回屋。他们保证，以后一定不再干这个事情，不再进这个园子。

他们都讲她是怪人。

但他们都体谅她——一个孤零零的老人。

咪罗又不在家了。

这一回，人们不再像上一次那样，只有老支书上了楼，再把火塘的灰盖一盖（其实咪罗都已经盖好了），然后出来反手把门关好。大家像平常的日子那样，该进山的就进山，应下河的就下河，好像什么事情也都没有发生过。又过了些日子，咪罗的屋子里传出了声音，是在晚上，但不是织布机子的声音。人们互相望望，会意地点点头。老支书去看她了，但没有上楼，因为门是闩着的，她不爱别人上去打扰她，除非门是开着一条缝的，这才是许人上去的。多少年来都是这个样子，老支书最理解。老支书站在楼下抽完一袋烟，就回屋子去了。

第二天一大早，割牛草的人在坪子上大喊了起来。人们以为发生了什么事情，都猜有可能是咪罗出什么事情了，于是，急急忙忙赶来，有的连油茶碗也顾不得放。

人们舒了一口气。

坪子上放置十个篮子，有竹编的，有藤编的。篮子里留有一张纸条，条上的字写得好看极了。老支书拿起纸条，清清嗓子，道："请按这些式样编织，然后上油，挑到古镇竹藤器公司，可以卖价五块一对。油去他们那里领回。我们山大竹多藤足，做完工就可以编织了，这是一条致富的路子呀！"读到这里，老支书抬起头来，在人群中搜寻着，他要搜出写字条的人来。除了咪罗没有来，大家都在。

"哪个写的呢？"

"可能不是我们寨子的人写的，我们寨子这段时间没有哪个出山呀，还能认得外头的事情，还拿回来样品。"

"咪罗好长时间不在家，会不会是她做的？"

"她？不会，哪会是她呢！连那块山坡地还搞成那个样子。"

“就是。人家苞米苗都过腿肚子了，她还不晓得种子在哪里呢！”

人们争来争去，猜来猜去，都找不出是谁。老支书讲话了，他讲，不管是哪一个，如果这是真真实实的事情，我们寨子就要永远记住他的好。老支书还讲，为了弄清事情的真实性，他决定和两个后生出去，到镇上探问。

果真，第二天老支书和两个后生出发了。

反正现在已经过了抢苞米的时节，没有什么事情可做的了。于是，大家都坐在火塘边，耐心地等着，等着。他们都认为能等出一个好结果。上一回，最后不是把咪罗也等回屋里了嘛！

第三天很晚了，老支书才进寨。没等他在芦笙坪上喊，人们老早就出门集过来了。

老支书激动得讲不出话来。好在有个后生眼尖脑灵，赶紧跑回屋子拎来一竹筒酒。老支书仰起头，一口气干完：“是真的！是真的！”

人群静静的，静静的，只有呼吸的声音。

“我们要富了！我们能富了！”老支书大声说道，“那两个后生留在古镇学习上漆手艺，过不了多久就会回来。”老支书宣布，各家各户好好准备，先编一批样品出来，拿去让人家看看，中意了，就这么继续做下去。老支书还说：“大家包编织，那两个后生包油漆，得了钱大家分。”他想了想，又补充说：“富就要大家共同富，大家要团结。一根草不经用，一股绳能勒死牛。咪罗是孤寡老人，我们大家不能扔下她不管，就让她来协助后生上漆，有利大家都得。”

这个时候，咪罗挤进了人群。她很感激大家，她轻轻地说，不用这么做了，多谢大家对她的照顾。

天越来越热了。人们放下手头上的活儿，都去搬苞米了。一片片连绵的山坡地，一根根比人高的秆子，一个个挂在秆子上的棒棒。手一掰，进了背篓里。满了，笑了。是的哟，盼几年了！血与汗滴的结晶，是对美好生活的追索。女人躬着腰，男人低着头。对面碰着了，互相让一让，也就算是招呼了。

人们搬完了苞米，砍了秆，平罢了地，猛地才记起来，咪罗没有苞米可收。这时，老支书顾不得抹把汗，抽口烟，就跑来看她的园子。

咪罗正从沟子里头上来，她担着一对小木桶，放下桶后，把水一瓢瓢地灌到种的东西的根上去。天旱得要紧啊！一瓢水下去，吱的一声，一股气冲冒出来，接着，水影子也寻不见了。毕了，咪罗直起身子来。她望着园外的人们笑了，很舒心。她仿佛不是给作物浇水，而是给儿子喂奶。

人们这时才发现，咪罗的园子已经大变样了。谁也不晓得，那些竹棚子是怎么架上去的，什么时候架好的。使寨子的人惊异的，还是棚子下那些从未见过的东西，它们从一堆堆肥很足的土堆钻出来，沿着竹竿爬呀爬呀，有的登上棚顶，正向四处扩散。那一根根绿黄绿黄的须须，正在微风中摆动着，太惹人爱了。有的已经打起了花苞，或许明天就能开放。是什么东西呢？咪罗种它干什么？能够抵得苞米吃吗？不过，都没有哪一个去问她。大家早就想好了，等苞米晒干了，各户分出一些来，交给老支书，由他送去咪罗屋子里。

大家还记得那个写了纸条而没留下姓名的人，认为要像他那样做人。

老早，太阳还没有洗完脸，咪罗就来到了坡地上。她这边摸摸，那边看看。有时候，摘下一朵雄花，点到另一朵雌花上。咪罗的行为太令人不解了。

时间一天接着一天过去了。寨子已经把第五批编织好的东西扛到古镇卖了。后生仔把拿了多年的烟袋丢了，手腕子上也有那么一块闪亮的东西了。晚上，寨子里可以听到电视的“嘀嘀嘀”声，接着，就传来了“新闻摘要”。又过了不多久，有人居然在芦笙坪上放置一台录音机，播出“广播体操，现在开始”。起先还只是那些后生跟寨子上的那几个学生崽学，虽说动作挺逗人的，可他们笑也不笑，动作是那样的认真。后来，来了更多的人，连没有出娘家门的妹崽也来了。老支书笑呵呵地摸着白胡子，笑容比讨媳妇时的还甜。

人们开始把咪罗给淡忘了，那些后生仔走过咪罗的园子也是匆匆忙忙的。早先要连夜去给她挖地的那股劲儿，不晓得收到哪个角落去了。芦笙坪旁的队委会已经改成了文化室，起先人们在那里看报纸、翻公仔书、打牌、下三三棋，后来，都互相学习编织技术。有时候，咪罗也来这里，但他们常常没有发觉，偶尔看见了，也只是点点头，笑笑。回到屋里，咪罗转身关门时，望着灯火通明的文化室，一丝莫名的哀愁爬上眉间。她慢慢地关上了门。

过不久，门又开了半边，望着热闹的文化室，咪罗感到很宽慰。

山峦呈现金黄的颜色，天变得更加高了，浮云也减少了许多。头上的太阳，还是像过去那么圆，那么亮，人们却已经感觉不到它的热了，更不讨厌它了，相反，倒是希望云不要挡住它，让它暖暖人间。人们对它有着深深的热爱之情。

哦，秋天来了。

咪罗今天穿了一套新近才做好的衣裳，头发也梳得整整齐齐的，这使人想起每年的三月她到河边看儿子的情景。她开了小门，出来了，背着一个篓子，也是新近才编织好的。她站在棚子下边，用剪刀小心地剪下树枝头的果子。果子绿得快要滴油了，个头有鹅蛋那么大。更令人惊讶的是果子个个大小一样，很匀称。咪罗一共收了十一篓果子。

好几天，没有谁见过她出门来。

太阳探出了白云山坳，天上的白云轻轻飘在远远的天边。咪罗出了门，下了楼，背着篓子穿过窄窄的夹道。背篓用一顶大帽子盖住，看样子不太重。她主动和照面的人打招呼，走路急匆匆的。她脸上的笑容，过了很久也没有散掉。她告诉人们，她要去古镇办些事情。

哦，她是去古镇呢！

雨又开始下了。

人们都没有从过年的欢乐气氛里出来。是的。去年由于有了编织活路，加上风调雨顺，要粮得粮，要钱有钱，大家都过得很开心。后生、妹崽走寨刚回来，顾不得歇口气，就又忙开了。

天黑了下来，寨上的人家都忙着弄饭。老支书走出火塘间，望着正被春雨洗涤的山寨。怎么咪罗的屋子没有火光？他收起笑容，披上棉衣，下楼，穿过夹道。推门进去，灰还热，偶尔可以寻得一些火苗。咪罗不在屋子里。猛地，老支书使劲一拍，记起来了，今天是咪罗儿子的那一个日子，她到河边去了。往时，她总是去没多久的工夫，就返回屋子里，长久地织起锦来。然而，一天过去了，咪罗为什么还不回来？在这个阴雨绵绵的天气里，谁也难讲会有什么事情发生。

老支书赶紧跑出去喊人。

人们顺着道儿来到河边，人们在一棵枫树下找见了咪罗。她坐在那里，看着河水，听着雨声。她等着河水上涨，似乎又不是。她直勾勾地盯着那排早已被水没过的石墩，微微地笑着，仿佛从那里看到了什么，得到了什么。脸上的一道道水印，不晓得是雨水，还是泪水。水离她很近，有时候，浪来得凶，可以碰到她的脚。

“咪罗，咪罗！”

她再也听不见了，她的眼睛还睁着。

老支书悔恨地一拍大腿，长长地叹了一声。

人们将她抬回了屋子里。火光下，她依然是笑着，眼睛望着众人，她仿佛还有好多话没有讲，似乎她没有离去，大家也都认为她还没有走。

老支书清理她的遗物时，获得了两件东西：一件是竹编的桥，一件是一张字迹熟悉的纸条。纸条上写着：罗汉果试种成了，结了大果，都是甲级的。我们这里很适合种植。把它和竹器结合起来，我们的生活就甜上加糖了。这是苗苗，大家拿去种吧！

人群里发出呜咽声，接着，有人“哇”地大哭起来。

咪罗走了。

人们好悔呀！

如果大家当时跟着她，是不会发生这种事情的。咪罗她还能多活二十年。她走了，跟大家有很大的关系。过去，大家没能很好地照看她，为了赶活路、挣钱，把她给忘了。往时，大家都记着这么一天，她出门，过寨，下河边，大家都送着她。可今天，大家连日子都忘了。大家对不起她呀！她是给寨子带来福分的人呀。

老支书按咪罗写的地址，下山去了。几天以后，他回来了，还带上来一男一女两个人。他告诉大家，男的是咪罗的表弟，售卖竹器和藤器的；女的是表弟媳，售卖罗汉果的。当晚，寨子杀了猪，摆下酒席。一来是惦着咪罗的好处，把那些她该得到的都补上，二来招待两位“财神爷”。安葬咪罗的那一天，全寨的人都去了。辈分大的，是同辈兄弟姐妹；辈分小的，都是咪罗的儿孙，大家都戴上孝。寨子特地买回上千头大炮。老支书沉痛地念着悼词——前些年在公社开主任的追悼会上学得的。老支书还说，咪罗虽不是苗族人，但她永远是我们苗山人。咪罗一直想着修一座桥，让大家都方便。所以，她长年累月织锦换钱，攒下了三百多块，这次卖了罗汉果，加起来有六百多了。老支书检讨了自己的失误：分田地以前，年年都派工去修桥，那时，都想着修一座水冲不垮的大桥，就是没有钱呀。可现在有钱了，却忘了。真对不起咪罗，对不住山寨！

老支书讲得大家都低下了头。

老支书宣布，将咪罗那座编织的竹桥陈列在文化室里，让大家都看到它，都惦记她。

三月的雨哟，飘飘忽忽。

（1984 年完稿）

晚秋的恋歌

高原的山难得有突拔的大峰，一溜儿的山包包儿，从远远的天那边伸延过来。时而，一块一块灰白白的东西慢悠悠地浮游过你的眼帘，用心去听，可以听到随风飘送过来的羊儿的“咩咩”声。

阿骨老汉摸出酒葫芦，吱吱地吮吸着。

酒先是经过嘴唇，然后用牙齿磨一磨，舌头将它翻过来倒过去，玩够味儿了，每一根神经都浸满酒了，阿骨老汉才舌头一动，依依不舍地把酒滑下去，接着，长长地呼出一口气。

阿骨老汉微微地眯着眼，让高原的太阳暖着他的身子。

有时候，他在想，为什么太阳落山了，第二天还能出来？而人死了为什么就不能再起来，就变成泥巴了？

暮年的时候，常常在脑子里生出无数的交织着的事情来。那可是一个多梦的时节呵！

曾经的他，多年轻哟。

年轻的人，年轻的心。

为了一把芦笙，可以翻遍九岭十八坡。多么无忧无虑哟……也不晓得过了多久，终于有这么一天，他觉得身子不舒服了，酒也没味了，吹芦笙也不过瘾了。

山那头有个叫朵桑的妹崽，十七岁，如同五月的鲜花，水灵灵，红艳艳。

那回，朵桑从花丛走过，那些花呀一朵接一朵地垂下了头。

那回，朵桑开口对着高山唱，那些山包包呀，一个接着一个向她拢来。

多少后生哥的魂都被朵桑的歌声牵走了。

去她家的后生哥一帮接一帮，邀她踩花山的后生哥一群接一群，她家的门槛一天就换了十八回。

催得久来妹也唱哩，
不然讲妹翘价多。
不唱怕讲妹嫌弃哩，
唱来又怕讲风流。

唱支山歌解闷忧哩，
男唱女还接风流。
哪个夺得芦笙王哩，
妹我同他共枕头。

朵桑家再也不用换门槛了，因为后生哥都回去练本领了。五月五哟，坡会几撩心扉哩！

时间往往都是在不知不觉之中悄悄地跑开了。眨眼间五月五到了。天儿还没有透亮，坡场上就挤得人胀尿了也没有地方屙。苞谷酒不离身的后生哥，今天情愿只吞口水。

阿骨坐在山包头的一块大石头上。他不时摸出酒葫芦。“咕嘟……吱……”他背对着坡场微微地眯着眼，望着远处的山峦。

太阳落到山包那头去了，高原披上了一层红毯。乌江这条奔腾不驯的长龙，此刻，也静静地卧在那里。

“我来！”阿骨将酒葫芦一扔，挤进人堆。

“你?！”阿拿定定地望着阿骨。眼看就要把那朵花摘回家里了，却又偏偏冒出个阿骨来。“几时见你摸过芦笙？”阿拿不服气地说。

阿骨不好意思地笑了笑，接着捧起了芦笙。

笙歌发自阿骨的肺腑，令人陶醉。他用笙曲表达他的谢意，他感谢阿拿大哥救了他，感谢大家帮助了他，让他这个无家可归的游子终于有了一块落脚的地方。

阿骨不是这里的人哩。

黄昏的乌江更加美丽了。天上飘浮着朵朵云霞，水里泛着缕缕波光，哗啦啦的流水弹奏着乌江舞曲。

“阿拿，快看！”

上游推下一团散木碎板。

“不好，有船翻了，快解缆救人！”

哪个都晓得，天麻黑后行船最危险，乌江上游的暗礁时时都在盯着你的船底。

浪丛中时隐时现一个人头，人头同木头一道直泻下来。近了，近了，阿拿他们的船体猛地一震，趴在木头上的人双手脱落，直坠江底。阿拿将篙子一扔，插入水底。人救上来了，阿拿腿上裂了一条大口，染红了乌江水。

阿骨醒了。

“留下我吧。老板的崽死了。”

“来吧！”阿拿一摆芦笙。

“慢着！”阿骨按下阿拿的芦笙，“你斗了一整天，我赢了也不能算数，后天再比吧！”

两天过去了。比赛仍在激烈地进行着。这下子乌江两岸轰动了，一群一群的人踏着霞光涌来。

太阳就要落到山那头去了。阿骨的酒葫芦不晓得满了几多回，又空了几多回。阿骨把空葫芦一放，又上场了。他的脸比西边天的云霞还红。

怎么？阿骨的芦笙调子颠颠倒倒，倒倒颠颠，醉了？

一阵风似的，过处猛然换了调。

渺茫的曲音仿佛是从远远的乌江源头浮游而来。

人们看到了，那连绵起伏的乌蒙山，那宽广无际的草海，那成群飞翔的灰鹤。

人们看到了，乌江的波涛滚滚奔来，撞击礁崖，如同无数匹骏马踏浪奔腾。远远的山包化作浮云般的游羊，纤夫的号曲里荡升一个个永恒的纤魂。

交织着，乌江两岸的山石花果、天雀水鱼、风土人情……都在相互交织着。

“你赢了，我输了！”阿拿扔下芦笙，一把抱住阿骨，“你才是真正的芦笙王！”说着，把阿骨扳倒在地上，两人一同滚起来。

夜呵，几宁静。人们在狂欢着。

阿骨与阿拿坐在离坡场不远的山包上，他俩交换酒葫芦，你一口，我一口。好久，阿骨才说：“兄弟，我对不住你！”

“莫讲！换我也是这样。这才是个男子汉。朵桑我去接，你在屋子里等着抱她就是了。”

婚礼举行了三天三夜。当阿骨用优美的曲音送走最后一批客人时，他才发现，阿拿不见了。

阿骨撑开了眼皮，阳光突然袭进来，他觉得挺花眼的。

坡场上早已挤满了人，芦笙的曲音正随风飘过来。

阿骨轻轻地叹息：“不行呐！”

每年，他都要到坡场上去转一转。今年他懒得去了。他总发觉，人们对他只是存在一种客气，就好比一只领头的公羊，老了的那一天，母羊们只是可怜它，而往日的敬仰、恋慕与柔情，都丢到乌江里去了。

唉，人老了，大概也成了不中用的公羊了。人家能够记得你，想到你过去的那份风流，也就挺不错的了！

“阿爸，坐拖拉机吧！何苦呢，走那么远的路。”满女从被窝里探出头来。

阿骨轻轻地叹息一声。往时，都是他一个接一个地把儿女们拍醒，儿女们一个个不情愿，但也得跟着他起床。

今天他刚起床时，踏翻了一张凳子，满女就嚷开了：

“鸡才喊头道，急什么。不得睡好，到了坡场怎么对得了山歌？难怪以前都没赢过！”

阿骨只好自个儿走来了。

他也觉得脚累气紧，也晓得坐上新买的拖拉机跑得舒服，跑得快。可是，几十年都是两条腿过来了，还能走几回呢？老婆讲赶坡太累，就不来了。明年自己还能来吗？走一年就算一年，够本一年了。

“爸啊，就莫吹了，又不是赶坡，吵死人了！”满女跺着脚嚷嚷。

阿骨迷惑了，他不晓得如今儿女怎么都变成这个样子了。过去的日子，封了芦笙王，个个不是都闹着要听吗？

“阿爸，你听，这几好听哩！”满女扛出新买的录音机。

这不是一件容易的事，
我们却都没有哭泣，
让它淡淡地来，
让它好好地去。
到如今年复一年，
我不能停止怀念，

怀念你，怀念从前，
但愿那海风再起，
只为那浪花的手，
恰似你的温柔……

“难听死了，特别是后头的那个‘柔——’。”

“这是抒情，阿爸，抒情你晓得吗？”

可阿骨没有再说什么，他觉得没有必要与小娃崽计较。

坡场的欢呼声将阿骨拉回了现实，他伤感地抚摸着那把古铜色的芦笙：“老伙计呀，要带你入土了哟。”

按老班的规矩，阿骨该把芦笙传给下一代了。他于心中总有一种莫名的伤感。他时常想起羊群里的那头老公羊，它常常站在羊群的尾巴后头，痴呆呆地望着眼前的一切。

过来一头同样老的母羊，一拐一拐地，挨近老公羊，轻轻地“咩咩”唤着。老公羊把头扭过一边去了。它记得，越老越记得，母羊的“咩咩”声蕴含着几多怨情呵。那一回，它艰难地对付着一名夺位者，打着打着，到了崖边，就是这头母羊冲过来，用身子挡住了它。母羊自己却跌下崖去，断了一条后腿。那时，它几高傲哩，望也不望那双眸子。

“这么多地要种，哪有闲工夫！”大崽说。

“阿爸，我常年在外跑生意，总不能把芦笙拴在裤头上带着吧！”二崽说。

“阿爸，我是想学，可我笨过牛，你不是从小就讲我不是芦笙王的料吗？对了，小妹聪明，让她学吧！”三崽说。

“天底下哪有女人当芦笙王的！男人服吗？”满女凑过来，“阿爸，传不传都无所谓的，现在有录音机了，你吹，我替你录下来，不就传下了吗？”

“唉！”

阿骨捧起芦笙。

曲音悠悠地流出。

这是几多年的心血凝成的啊！

该退谢了。当年的风流，将被岁月蚀掉，好似一缕缕魂絮，幽幽地消逝。

笙曲不脆，却从喧闹中左穿右插，钻入人们的耳朵里。

这是“百鱼抢滩曲”。人们的思绪被带到了乌江上。

要饱经几十年乌江的风雨才凝聚而成的啊！只有承袭了几十年乌江的朝霞夕晖、日精月华，才有可能激发出如此情思。鱼抢滩、浪拍岸、鸟迎霞、凤送月……一幅人的毕生心血染就的画图！

夕阳西下。那悬挂于天边的晚霞映了过来。山峦静悄悄的，唯有那笙歌依然飘荡。飘飘地环绕着，飘飘地环绕着。

一座塑像，屹立于山包上，浸满了夕阳的精血。那笙音，就是由此荡出，无休无止地飞向天宇。

于这笙音里，人们仿佛看到了什么，又仿佛什么也没有看到。

乌江的水在流动。

乌蒙山在长高。

乌江上的浪花消逝了，于消逝中又诞生新的浪花。

天边出现一只老公羊，那白得不能再白的胡须在晚风里摆动。

“咩——”

几悠长啊！

（1984 年完稿）

遗落的童话

你去哪了？

你不记得了吗？

那一回，我们在这个小站分手时，我说，四年之后还会回来；你也说，四年之后还会回来。你往南走，我向北去。

四年时间眨眼就过去，我带着在师范学院获得的学士学位又回到这个小站。一列一列南来的车停了又走，一批一批旅客从小站消逝。几多回，我惊喜地迎上去，你在人海中向我招手。可是，进入人海你又消逝了。

我们的最后一次联系是今年的春节后。寒假你没有回家，你有两个假期没回家了，我以为这次你会回来，这是大学生活的最后一个假期了。到学校我立即给你去了信并提及小站的事情。你说那是一个多么幼稚的童话，最后一个学期要弄毕业论文，所以时间少了，还是少通些信吧，人家还以为是情书呢。

工作报到时是郭老师接待我。郭老师的头发全都白了，她已做了校长，但仍带毕业班。见面的第一句话就是："我们学校还没有一个进清华、北大的。"我对她说你也会回来。她一下激动得不得了："太好了，太好了！我们终于有一位本科外语教师了，历年高考亏就亏在外语上。"

夕阳西下。开学了。我带一个高中班，都是乡中学的尖子（说到尖子，基础恐怕比市里普通中学学生的基础还差）。他们都有一股狠劲，从他们身上可以看到当时我们拼搏的劲头。

昨天，郭老师还问起了你，我真不知道怎么回答。我对郭老师讲了那个小站的故事。也许，这个幼稚的童话将永远留在小站上了，它会消逝，但铁轨会记得。

北上的列车早已消逝得毫无踪影。我还不想回去，为了那个渺茫的希望。

都长大了，不会再有幼稚的童话产生了。

但是，这个小站会永远存在，某一天它会变成一个大站。它会。

我要在这里过一夜，在这里走一走。

明天，太阳出来的时候，那个幼稚的童话就永远遗落在这里了。

（1984 年完稿）

绿水小夜曲

这里是条街。

但不像是一条街。

不晓得是几时，这里被叫作街了。

一条简易的公路从河与山的接合处迎过来，蜿蜒曲折地向白云山延伸过去。于是，白云口这个地方便成了一条街。整条街有八栋木楼：一间旅店，一间米粉店，六间杂货店。生意还过得去，虽讲发不了财，但店主手头上多少总还有几毛零花钱。因为有了这么一条街，便有了一个码头，放排行船的水佬都来这里歇歇脚，喝口酒。

去年，白云河上木排头阿水的一条不大不小的船，载来了一船的水佬，拖来上好的木头、木皮。他们选中了一块地，不与街上人太近，也不同街上人离得太远。木楼起好了，他们放了一轮炮，就上楼去了。街上的人哪个也不晓得他们起这木楼来做什么，反正他们这些水佬没有一个固定的窝。可是，正月头一条挂彩披红的船下来了，一阵炮，码头都铺了一层红。接着，每座木楼的人全都被请来了，迎接他们的是一串串的肉和一筒筒的酒。

哦，原来木排头要在这个地方安家了。

安上家了，街上的人也是蛮高兴的，多一户人就多一分热闹。成年的男人喝醉酒后都是让人抬着回去的。那些个娃崽的嘴里，一次就吃两颗一分钱的糖。让街上的人最为兴奋的，还是这么一条消息：木排头阿水在这里安上家了，放排行船的水佬，兜里塞满了票子，从木场下边回来，不在这里歇它几天才怪哩，不大把大把地掏票子，大筒大筒地喝酒才怪哩。

人们酒醒过来的时候，才相信娃崽嘴里头讲出的话：那女人几漂亮哟。

春水发了。

春水一发，一张一张的木排就往下送了，而一张一张的票子，装进了山里人的荷包里，有一部分，通过拿来买酒，进了街上人的小钱匣里。街上的人忙碌起来了，时常喊娃崽到河边去数一数，有几多木排下去了。

阿水离开了新婚的老婆，勒勒裤头带子，也下去了。老婆在码头上望到小船消逝在雾气里。

街上的人都看见了，女人红着脸，用手揉了揉肚子。

老人讲，女人有喜了，男人已下了种。

过去，排都要到六月水势定了才放的，怕被大水冲散了排。现在水小了，不乘着春水的势头，冲不过无情滩。

阿水的排队下来了。阿水特地站在排头上，棉袄大开着，胸脯都露了出来。他们齐声呼着号子。

街上的人都走出火塘间，来到岸边看着。

“几威风哟！”

想你一天又一天，
眼泪流了万万千；
若把泪水当雨水，
可灌广西万顷田。

木排下去了。

女人倚着栏杆，呆痴痴地望着河里的水。

木排下去了，一辆“解放牌”却上来了。

车子当街停下，车里走出两个人来。年轻的那个人穿着扫把裤，裤脚比裤腿还要大，直把路上小坑里的积水往上吸。年纪大的那个人对着木楼喊了一会儿，木楼里的人都走出来了。他说，既然这里有了人家，就选个村长吧，好治理，再过几天，把里头的木头大批砍伐了，林业车队要从这里过。街上的人讲，他们这里不是村，是街。“街?！”那个人忍不住笑了起来，“这头放个屁，那头都听得见闻得着，也称街?！不管是村还是街，选一个头儿来。”大家都选读过初中的二娃子。二娃子做梦都没敢想有一天能当官，名字的屁股后面还跟了一个“长”字。

车子按了好一阵子喇叭，年轻人才急匆匆地穿过人群，上了车。

有个娃崽讲:“刚才‘扫把裤’进了女人的店里，丢了十块钱买一包烟，女人找了钱他都不捡，眼直勾勾地盯着女人的脸，嘴里直讲可惜。”

放排人撑着小船回来了。

往时，老远就听见他们那粗犷的歌声。可是，今天他们系好了小船，上了街，差不多都进了女人的屋子的时候，街上的人才晓得他们回来了。

什么声音也没有。

这么久了也没见他们来打酒。

街上的人打发娃崽过去看。娃崽回来讲，水佬都坐在堂屋里，低着头，抽闷烟。

突然，传来了女人的号哭声。

女人的声音太响了，哭得几伤心哟！

阿水死了，尸首都不得见，是在无情滩，为了救十七岁的阿狗。阿狗跪在女人的脚下，久久都不起来。

三天后，水佬下去了。女人把他们送到码头，看着他们消失在雾气里。

街上被悲哀的气氛笼罩着。女人的歌声断了。深夜里，人们常常看见女人的那个小屋还点着灯。女人坐在窗前，长久地望着悠悠的绿水发呆。

有人讲，女人会这样守一辈子。

有人讲，女人可能会嫁人。女人那样的脸蛋，那样的身材，抢还难抢得来呢。

有人讲，人是要嫁，但得等把肚子里的娃崽生下来，养成个人样了，送回山里边，她才跟人家走。

水又开始涨起来了。

春天的风，把河里的雾气往街上推来，整条街浸泡在雾海里，看不清河里的水，看不准偶尔漂下来的半截木头。人在街上走时，不觉中会踢中一个东西，那东西猛地叫了一声，返头咧着嘴。原来是只狗，到底是它眼尖，透过雾气，看清是人后，它便又摇头摆尾地同人亲昵起来。

雾气渐渐消散。

空气弥漫着春日里湿漉漉的清香。

木排下来了。

女人出了屋子，来到河边的码头上。

放排人不再唱那些歌子了，怕女人的泪水当真断了线，把万顷良田都灌满了。他们说道："新婚女人才想男人疼、男人搂哩，女人才是泪水流了万万千哩。"号子也不喊了，他们没有那个心情。

"喂——，进屋住夜哟！"

女人放开喉咙，冲着木排上的人喊着。

"我煮粉给你们送酒！"

长了一岁的阿狗，对岸上的嫂子说："我买新衣裳给你！"他没有忘记，去年阿水讲过，带一件新衣裳给老婆。什么样的尺寸阿狗记得清清楚楚。

女人又呆痴痴地望着早没了排影的河水。

女人越发显俊了。原先身子没有长满的地方，现在都丰满起来了，脸儿也比过去透红了。女人也常暗自流泪，可泪水把脸越洗越白，或许是因为阿水，她的生意顶好的。那些个水佬都爱来吃她的米粉，买她的烟抽。女人却不卖酒，不是不能卖，更不是不好卖。水佬要喝酒都得到别家去打。

街上的人很纳闷：女子的肚子这么久了还没有凸起来？

有人讲，女人打掉了胎。但马上就有人否定了。女人根本就没有离开过这条街。

有人讲，男人是下了种的，就是不着时候，没点到地上，发不了芽。

街上的人越来越多了。有从山里头搬下来的，有从下头迁上来的。公路的两旁，一座座木楼耸立起来，真像春日里的笋子。

一天，一辆“解放牌”拉来了一车人，他们在女人屋子边的空地上开出一块地来。一车车砖头运来了，很快就起了一间两层的瓦屋。在山里边，这可算是与众不同哩。

公路上，架起了一根木杆，红白相间。

前一次来的年轻人跳下车，同一个老头儿扛下一块牌子，挂在砖房的门前，很显眼。

原来是白云口木材检查站。年轻人是站长。站长领的是国家工资，地位比街长大得多哩。

挂好牌子，站长拍拍手上的灰尘，然后进了女人的店。

“哎，大姐，来坐坐，得吗？”

“小阿哥，是你呀。我还以为你不来了呢！”女人说着，低头下去找着什么东西。

站长的眼睛直勾勾地盯着女人雪白的脖子。

“喏，你的钱。这么有钱的呀，九块几都不要。一个月能挣好几百块工资？”

“我……不……”

“拿去！”女人收敛地笑。

“我拿……不，买烟，都买烟。”

“都买？”

“都买！”

“买这么多干什么，送人？”

“抽。”

“几时才抽得完？春日里湿气重哩，我都还是装在坛子里头，用油封好边哩。”

“那就放在你这儿，几时抽完了讲我听一声。”

“哎，你的烟。”女人拿着烟追了出来，“走魂了？”

女人的肚子一天天凸了起来。

娃崽们好奇地问老人，女人肚子怎么快三年了才凸起来，人都要这样吗？没有男人的女人，肚子也能大起来？

人们的眼睛都盯住了女人的肚子。

没错，有喜了。

这个种是谁下的呢？

女人脸上出现了不安的神色，卖东西常常走了神。就连小娃崽也好奇，偷偷伸手去摸她的肚子，她都不知道。

那天晚上，女人的屋子传出“呜呜呜”的哭声，跟阿水死的时候一样伤心，似乎还有另外更为伤心的成分。

街上的人都过去了。

“天哪……我怎么办哪……我怎么办哪！”

“大姐喂，关门了呀！”站长又来买烟了。

“我头有点痛。”女人气色不好，说话费好大的劲儿，“嗯……可能是春日里湿气重，着了凉。”

“大热的天，哪来的湿气呀！”

“哦……反正是感冒了。”女人吃力地回答，“歇一下子就会好了的。”

“咦，感冒可不是好耍的呢！要是汗出不来，汗孔被堵住，人就会挨汗水积成一个大冬瓜，肚子比怀娃崽的女人还要大，要不了几天，就死了。”

“大哥，有……有救吗？”女人当真急了。

“放心，听我的话，照我讲的去做就有救。”站长轻轻一笑，道，“你先洗个热水澡，我回去拿药来。你吃了，睡上一觉，出一身汗，什么事情也没有了。”说完，连烟也不拿就出去了。

女人洗了个澡。

热水烫得周身暖烘烘的，脸也红扑扑的。

“你怎么关了门？”女人问站长。

“我怕你不在，他们趁机来偷你的糖。这些娃崽没一个好的。”

“不准你讲！他们来我这里可规矩哩，给他们糖吃，他们第二天来时还拿一分钱来呢。”

“哦……我讲错了。喏，这是药，吃下去就没事了。”

“这一颗颗的治得了病？我们那儿的人病了，喝一大碗的药水还好不了呢。”

“山外头都吃这个，什么样的病都治得好，一颗抵得你十碗苦水。”

木排翻了，一个浪头把女人压进水底。胸口闷得很哟！女人想挣扎上来，可动不了，水压得越来越紧，一股股的气儿冲到脸上。

阿水游过来了。阿水把她从水里一下抱了起来，把她放到那有力的大腿上，滚热的嘴擦在她抖抖的嘴唇上。阿水的手在她的胸脯上抚摸着。她无力地倒在阿水怀里了。

“哎哟……水哥……别这么用力，我……痛……”

一惊，醒了。

“你？！”

女人一挣，站长搂得更紧了。

女人张嘴要喊，站长伸手捂住了她的嘴。

“喊吧，喊到街坊的人个个都晓得，你跟我睡过了。你的脸往哪儿塞呀。我是站长，我可以讲是你来偷我的。

我在你家里边，谁人信你的话？”

说着，站长放开了女人。

女人急得“呜呜呜”地哭了起来。

站长把女人搂过来，温柔地说：“跟我吧！等我在这个鬼地方期满了，就接你一起下去过。我待你比那水佬还好。哪像他们那样粗呀，压女人没个完，哪顶得住呀。他们根本就不懂得什么叫爱情。爱情不光是抱女人，压女人。你讲，我哪点不好？好歹也是个‘长’，人又比水佬嫩，模样比水佬俊，领的是国家工资。嗯……你没听过这么一首歌吗？”

好女莫跟水上漂，
常年不沾窝里草；
情义同那河里水，
一日过了十个湾。
湾湾都有好姣姣，
哪管屋里丑婆娘；
夜夜月亮照空床，
整夜独守到天光。

“跟我吧！第一次见到你，我就舍不得走了。听讲你是水佬的老婆，我直喊可惜。这么好的一朵山茶花，养在屎缸里，太可惜了。”

女人低头不作声了。

女人轻轻叹了声气。

站长抬手看看表，亲了女人一口，然后拿过衣裳，一件一件替女人穿好。

女人软绵绵的，一点力气也没有，由站长摆布着。

前十天，站长就下去了。

女人以为他下去领结婚证的呢。站长他讲过，要下去领结婚证的。

女人的肚子有点异样了，就跟睡在身边的站长讲，或许有了呢。

站长伸出手来，轻轻摸了摸女人的肚皮，拍了拍，道：“哪里！是你多心了。”

女人的肚子当真凸了起来。

站长慌了手脚，嘴里老念叨：“打掉，得打掉。”

那天，他下去开了几服药，叫女人吃。

“要把胎打了？好不容易怀上的呢，我不打！”

“不是打，是保胎。”

女人笑了，靠在站长的身上：“我喝。”

女人长长地吐出气儿来。笑了，笑充盈了脸上的每一个毛孔，渐渐，传遍了全身，希望之光正从那双明洁的眸子里透出：哦哦，怀里抱着个胖娃娃。胖娃娃紧紧咬着乳头，吮吸着。胖娃娃长大了。女人同站长回了娘家。娘家的人儿羡慕她哟！直夸她有本事，先是找了个木排头，后又找了个当官的。站长好俊哩，比红花女还白嫩。真有福分哩！

女人的脸突然白了，没了一丝血色，胸口闷得慌。

一股从未有过的血腥味弥漫了整个屋子。

女人觉得裤裆子湿漉漉的，伸手一摸，血糊糊的一片。

女人慌了……

这会儿，站长却转身出去了。

二娃子思考了好一会儿，道：“我打电话喊他上来。”

“这种是站长下的呀！”

有人羡慕，有人惊讶，有人恼火，有人怀疑。

“会不会是玩过瘾呢？”

“不会吧？人家是站长，讲话还有假？”

“狗母养的，畜生！”

二娃子气得一跺三骂，脸都涨红了。

原来站长一个报告，调到很远的一个检查站去了，还是当站长。前几天就走了，搭晚上的木材车走的。检查站的老同志讲，新站长明天就到。

“狗母养的，畜生，我去告他！”二娃子捞起袖子。

“告得了吗？你扳得动人家吗？你不见人家扛上被窝到那边同样还是当站长？”检查站的一位老同志说。

二娃子低垂下头。二娃子索性蹲下，用手指头在地上画西画东。

二娃子咬咬牙，猛地拍了下大腿。

“不扳倒这畜生，我二娃子誓不为人！这个街长不当了，丢就丢！”

二娃子找不到站长，给他的头儿送了份状纸。

过不久，阿狗的一条船下来了。

第二天一大早，阿狗就抱着虚弱的女人，上了他的小船，悄悄地离开了这条街。这是检查站的一位老同志讲的，他刚好闹肚子，上茅房时看见了。

一天，二娃子带回来一个令人十分痛快的消息：“站长被人告下来了，他到南边蹲一年牢房去了。同电影上的那样，剃光了头，扛把锄头去挖地，有背枪的人管着哩，屙泡尿都还得报告。他老婆把他给丢下了，就像他丢女人一样。他也下不了种了，哪个女人还跟他过日子？报应哟！”

“女人还会回来吗？”

有人讲，女人不会回来了。女人是为了忘记这个痛苦才走的。阿狗待她好，她生下的那个娃崽，阿狗也像亲生儿子一样对待。虽讲女人比阿狗要大好几岁哩！老婆老婆，老一点没关系，才最能疼男人哩，男人也最甘心服管哩！

有人讲，女人肯定会回来。消息总会传上去的，阿狗肯定会驾船同她一起下来，还开个店子，还把水佬的酒分给街坊们卖。不是她不能卖，更不是酒不好卖，是她考虑到街坊哟！

水佬很少到街上来。后来通了班车，山里的过往客人多了，街上的生意还过得去。

放排人的船从镇子上来了。

街上的人都看见，船上的水佬都昂头望着女人的屋子。不知是哪个高声唱起歌来了。接着，粗壮而带有山野风味的歌声充满了河谷。听着歌声，人们的心里都有这么一种悲凉的感觉。

想你一天又一天，
眼泪流了万万千；
若把泪水当雨水，
可灌广西万顷田。

阿狗的踪影不见了。

女人的踪影不见了。

小船的影子渐渐远去了。

歌声，在这悠悠的绿水上环绕着，久久没有散去……

（原载于《风雨桥》1986 年第 4 期，有删改）

闯鬼谷

哦，这就是鬼谷呀？!

一条山溪蜿蜒曲折地从远远的大森林里流出来，清清的溪水把山涧边的大岩石磨得光光滑滑，不时一两枝竹子或是别的什么树丫伸进水里，吮吸着大地母亲甘甜的乳汁。笑了，乐了——每一片绿嫩嫩的叶子，还有天上浮游的云朵。

前头的岩石上有一大丛红红的云霞——怎么，连天上的彩霞也落在这个神奇的鬼谷了？是不是也想看那后生和姑娘，听他们唱着好听的绵绵情歌？

越往前走，就越显得暗淡。而那天，在天上飘游的白云，都悄悄地隐退到一边去了。原来红霞是盛开着的樱桃花呀!

溪旁的坡脚，钻出了一个个小小的尖儿，那是竹笋。

偶尔，画眉鸟会突然唱上一阵子，使你吓一跳，随后，你又会睁大眼睛，在那绿茵茵的世界里寻找着歌声……

美香攀上岩石，折了一枝樱桃花。

这里的人把樱桃花叫作“春达佩”，意思是春姑娘。每年的初春，冬日里落下的碎米雪还没有融化尽，刺骨的寒风还没有完全消退，而在那沾着雪沫的枝丫上，冒出了一点点的小球，她们张着嘴，吸呀吸，冬末的雪粒，初春的雨丝，脚下的溪水，大地母亲的乳汁……终于，她张开了热情的双手，送去最后一粒冬雪，迎来最早一丝春风。人家都讲，樱桃花开了，春天就来了。

美香蹲在溪边，对着溪水把花枝插在头发上。

静静的，山风袭来，侵入骨髓。

传说，很久很久以前，从远远的地方奔来一对情人，想在白云山下安家落户。可是头人不许呀。山外的人早就听说了白云山的好景色了：这山，这水，这肥沃的土地和土地上丰富的物产，还有如花的妹崽。不得不防呀！这对情人便进了个没有人居住的山谷。大家都说山谷有人熊。这对情人的身影在绿荫中慢慢小了，寨子上的人想喊他们回来，可头人疑虑重重，下不了决心。半年过去了，一年过去了，他们依然不露面。大家都讲他们死了，变成了冤魂。寨上的人好悔呀，头人为了赎罪，拿出银子请来师公做法事。这个山谷就叫作“鬼谷”。

没有哪个人敢进去，人们都很害怕。

美香是瞒着伙伴们进来的。她不怕吗？怕，可是……

是的。原先她们是在白云河边晒太阳、玩耍的。十七八岁的妹崽，个个都想自己长得白白的，赛过白云山顶的白云。为的是什么呀？好勾住俊后生的魂呀！后生看到那红绯绯的脸，那白白的手臂和腿，还有那挺起的胸脯，魂不丢了才怪！看着后生神魂颠倒的样子，她们才开心，也最得意不过了。

“你们啊，平日里不把我们女人看在眼里，哼，到头来呀，还不是趴在脚下都愿意，嘻嘻嘻……”

不晓得哪个讲的，要是春日里坐在河边，躺在草坪上，晒晒太阳，吸吸春气，到了夏天，人就晒不黑了，反而还能越晒越白里透红。这下可不得了啦，寨上的妹崽只差不拿中午饭来这里吃。她们来这里也不是白白坐着混日子的，她们有自己的事情，或是纺棉线，或是打被窝布，或是搬来绣架子，用心地绣着紫布锦，好在串寨时送给情郎。

昨天，她们正在那里嘻嘻哈哈、说说笑笑，要那边山新过门的小媳妇款她的恋爱经，唱在茶山地里头唱的情歌。

小媳妇刚开始是很不情愿的。妹崽们拿话来吓她，用话来哄她。她最后红着脸点点头——唉，新来到这个地方，不跟这帮胆子大过白云山的妹崽打好关系，将来还不晓得她们会拿什么鬼主意来捉弄人呢。

背面山坡上的寨子静悄悄的，没有了过年赶坡时的闹热气氛。那绵绵情歌呀，那嗡嗡的芦笙呀，那悠扬的木叶曲子呀，还有那爆竹炸开的声音……都已经散了。偶尔听到公鸡沙哑的啼声，它们都晓得困吗？男人和妹崽都还在被窝里头，梦着前些日子的热闹事情。小媳妇的歌子跟山蚊子的鸣叫差不了几多，她终究还是唱了，妹崽们满足地笑了。

“喂，你们第一个夜晚都讲了些什么话，干了些什么事情呀？”

不晓得哪个妹崽竟然想出这号事情来，这叫人家小媳妇怎么好意思说呀？问得也太直了。

“不说？嘻嘻，你不说，我有办法叫你开口说。到时候呀，可莫怪我！”

杨通水突然出现了，说道：“讲什么呀，够力顶了呢！你们的本事大着呢，大过白云山了。喂，有胆的进谷里头去，问问那对客人夫妻，保你们呀，嗯，肯定学得好多好听的歌子，晓得第一个晚上要讲些什么话，还晓得要……要怎样去做好那件……事情。”

“你这挨鬼刀的，你脸皮厚过白云山了，你一辈子也讨不着婆娘！”

“不晓得是哪个的脸皮厚呢！逼着人家讲那个事情脸也不红一下。你们就能强迫人家新来的。哼，讨不着婆娘？我不但要讨，还要讨一个吃‘国家粮’的呢。到时候呀，不要气得肚子比要生娃崽的婆娘大就得。”

“我们女人讲自己的，关你屁事！哪个要你来听？”

杨通水是来报复她们的。妹崽心里头清清楚楚。

平日里，他以为有一个阿叔在外头当干部，就傲过白云山了，从来都不把寨上的妹崽放在眼里，开口闭口就是要讨个吃“国家粮”的。

难道寨上这么多妹崽没有一个配他？这下可把妹崽们给气死了：“得，让你晓得我们的厉害！”

“打同年”[①] 时他要扛着芦笙去走寨，跟人家比本领、赛芦笙。妹崽们事先搞了个小动作，结果第一堂他就出了丑，嘎的一声如母鸭叫，难听死了，引得众人哄堂大笑。得不到头名，旧年的英雄成了母鸭。

他晓得就是那些个妹崽搞的，但只能干瞪眼。这不，

---

① “打同年”是融水苗族的传统习俗，意为走亲戚、交朋友、结兄弟，通常在春节期间进行。各村寨之间通过互相走访、拜年联谊，增进彼此的情谊。

昨晚刚回寨，老早就来找妹崽算账。

“喂，敢不敢去？不敢？女人婆！”

妹崽一齐起来，把他轰走了。

她们又把小媳妇团团围住，一定要她开口。

美香有点烦她们了。这种事情有什么好问的呢，哪个妹崽横直都得经历。她不晓得几时轻轻说了声：“烦死人了！”

最尖不过妹崽耳，最利不过妹崽嘴。这下子可不得了哟。妹崽们由于逼小媳妇这么久，也逼不出一句话来，肚子里头早就积下了一堆莫名其妙的气，现在可找到发泄的地方了：“好啊，要不是你，新媳妇敢不说？！”

“哼，你烦我们，得！敢进谷里去吗？”

她有些后悔了，后悔不该讲这些话。

她也想请求她们原谅，然后跟帮围住新媳妇，逼到新媳妇开口为止。

可是，看着新媳妇难为情的脸和求援的目光，美香可怜她，想到将来也会轮到自己头上，这可怎么办才好呢？

“我真的敢去，你们就不逼人家，可以吗？”

“嘻嘻，真的去，不怕挨勾头魂？得，不过，要在里头待上一天。”

美香轻轻地点了点头，然后，站了起来，望着那神秘的谷口，久久的。

“香妹子，莫去……我讲。”

美香一把蒙住新媳妇的嘴，瞪了她一下。美香的脸有点苍白。

今天一大早，她就悄悄地进来了。

为了那么一句话，不全是；为了新媳妇和将来的自己，也不全是。美香总觉得还有一点别的什么东西，但一时还讲不清楚。

谷子里也没有什么怕人的，就是太静了，没有那听惯的喧闹声。美香总觉得不怎么舒心。

是呀，真怪。有些东西经常和它在一起，觉得平平常常，没有什么，一旦失掉了，哪怕是几分钟，却感到就像失掉了手或是脚，心里头总是舒不开。

美香突然闪到一块大岩石后头，用手按住胸口。她慢慢地直起身子来，用手拍拍衣裳，心仍是怦怦跳着。

前头的枝丫上挂着两件衣裳——只有山外客人才穿的长衣裳（她不晓得那叫风衣）。怎么，连客人也想来听歌子，问第一个夜晚做什么事情？

美香轻轻走了过去。

看见了，溪边那块小草地有两个人，他们正在吃东西。

那是两个二十二三岁的后生，他们躺在铺有布的草坪上，暖和的阳光正钻过树林的空隙，洒在他们的身上。他们一边把东西往嘴里头送，一边看着从他们头上飘过的白云，或许还在争论着白云飘到哪个地方去。

真是客人古怪多，连吃饭也不能停口。

这时他们又嘻嘻哈哈地大笑起来。身后那堆火快要灭了，高个子身子都懒得动一下，只是伸伸手，丢进几根干柴枝，火苗呼呼上来了。

美香又走近了一点。

火堆边有好大一堆石头蛋，还有小锤子，一个多口袋的大包包。

美香来到了他们后头。好久，他们都没有发觉。

“起来，该进沟子里了。”

他们起来了。

“这火要灭掉。”

“对。等下风一刮，烧了起来，劳改场又多了两个

‘时代的骄子’。”

他们突然发现身后站着一位姑娘，惊讶了一下，互相看了看，笑笑，问：“你是谁？”

“你们是哪个？”

“我是河口的。”矮一点的那个后生说，“这是我的同学……对了，你有事吗？”

美香轻轻地摇摇头。

矮个子后生用力拍了下高个子后生，说：“小阿妹，能不能帮我们看看这东西，这火？”

美香轻轻地点了点头。横直都要在谷子里待一整天，有个伴当，也就什么都不怕了。

“太谢谢你了，太谢谢你了！对了，那包里头有罐头，有刀，你想吃就开了吃；还有面包，要吃就自己拿。我们去沟子里头得好长时间，或许要太阳当顶才回来。”

美香点点头。

“好，我们进去了，你在这里好好等啊——goodbye！”

他们走了。

美香坐在火边，不时往火里加些柴。

对了，矮后生是河口公社里头的人，可能是潘主任的崽。听人讲他的崽够力得不得了，能到很远的外边读书，还是状元呢！

一个人在这个山谷里头，觉得挺不习惯。她想过回去，可是已经答应人家，哪好意思翻自己的话呀。再说，已讲好进鬼谷一整天，如果出去，人家不讲自己胆子比芝麻还小，嘴巴比木盆大才怪。

那两个后生来做些什么呢？肯定不是来听歌，也不是来问第一天做什么事情的。

太阳暖烘烘的，火儿旺旺的。

美香的脸沁出了细细的汗珠子。

她没有带东西进来，早饭又吃得匆匆忙忙，肚子早就“咕咕咕”地叫嚷了。

好几次她拿起了面包，这可是她第一次见面包的呀，但她也只是在鼻子前闻一闻，吞吞口水，又放回原先的地方了。

她也拿起那些铁罐罐，摆弄好一阵子，又放下。

顶不住，实在顶不住了。她站起来，走到小溪边，趴下喝了好几口凉浸浸的水。肚子好受了些。

美香站了起来，胜利似的笑了。

太阳过山顶有半尺多，他们才从那绿茵茵的地方钻出来。

“累死人了！”

他们说完就放下包包，端起水壶猛喝水，然后，抓起面包大口大口地吃了起来。

美香吞吞口水，看了看他们，轻轻走了过去，翻开他们的包包，差点就笑疼了肚子，原来是两大包石头。

石头白云山大把多，何必要进这个鬼谷来背回家呢？可能是山外石头少，尽是些泥巴吧。美香想不明白。

“哎呀，对不起！”他们把面包和罐头捧过来，“我们肚子饿极了，把你给忘了，我们还以为你先吃了呢。你是一个好姑娘。来，吃，吃呀！”

他们教她用叉子吃东西，她学得很快，能用了。

“你们怎晓得我没吃东西？”

“见你老吞口水。”

“嘻嘻嘻……”

“哈哈哈……”

“刚才，你讲的‘古拜’是什么呀？”

他们互相看看，突然挺得意地哈哈大笑起来。

“是英语，就是外国人讲的话。意思是‘再见’。”

“怎么写呀？”

他俩都同时用树枝在地上写下 goodbye。

吃完饭，他们用镜子照起石头来。美香收拾好东西，坐在火堆边，心里想着：要是把鞋底拿来打，就好啰。她觉得白白在这里坐着，没有事情做，怪可惜。

太阳快要落山了。美香告诉他们，她要回家了。他们把面包和罐头给她，她死也不要。

“你们也准备回去？”

“我们住在这里。你看！”

几棵凑近的树中，悬着两张布网。

“受得住吗？”

“十个人都还受得。”

“这么够力呀！”

“小阿妹，你叫什么名字？我叫潘秋，因为我是秋天生的，秋天是一个金黄的好时节，什么都有收成了。他叫张军，明年就大学毕业了。我们是学地质的，找矿，还有……”

“我……不懂！”美香轻声说。

“不怕，学了就懂。你读过书吗？”

“读了一年半，后来阿弟大了，就给他去读。”

潘秋和张军叹了一声。

“我叫美香，我要回家了。”

“太谢谢你了，小阿妹，goodbye！”

落日的余晖把西边的天染得红红的，也把美香的脸染红了。她在山道上轻快地走着。

原来呀，鬼谷没有后生和那姑娘对山歌，也没有鬼来拖人到阴间里头去。美香原先是这样想的，把鬼谷里头的事情都讲给姐妹们听，让她们都来看看。可是，快到谷口时美香又摇头了。他们是状元郎，不喜欢人多的地方，连看石头都要来这个静静的鬼谷。

刚才，美香没开口出声，但转身时，她也说了一声“古拜”。

第二天老早，这个谷子还在雾气之中的时候，美香背着篓子，从头天走的崖上吊了下来。

他们太吸引美香了，还有，美香觉得他们是在做大事情，要来帮一下，反正现在没有事做。拿鞋底来打，帮他们做点事情，还可以听他们讲那些听不懂的话。

美香又要回家了，她差不多到谷口时，看见好多人站在小溪边朝里头望着，有阿大、阿咪、阿弟、杨通水，还有姐妹们。杨通水像做错事的娃崽，低垂着头，姐妹们有人还哭着。

美香是想昂首挺胸唱着歌子出去的，这样做，当然大家都能像迎接获得猎物归来的猎手一样迎接她。但是这样的话，第二天肯定就会有很多人进来，这会影响状元郎看石头。

美香想了好久，还是决定翻过那道山崖，绕道回去。翻山崖时她的脸和手都被刮破了。

很晚，阿大、阿咪、阿弟他们才回屋。他们准备吃罢夜饭，打着鼓进去找人。

他们进楼一看，惊呆了，美香正坐在火塘边，等他们回来吃饭。

阿咪还以为是鬼附女身，寻回屋了，吓得直往阿大后头躲。阿弟不怕，依着阿姐坐下。

美香搂着他，笑嘻嘻地告诉他们，她根本就没有进那谷子里去，而是去看茶苗苗，晌午过点就回来了。

刚好寨子上的人是晌午去寻她的，后来从杨通水嘴里晓得她是进谷里了，便一直守在谷口。这时，大家都呼了一口气，把悬着的心放了下来。

第三天老早，她还是讲去看茶苗苗。家里承包了好几个大坡地，种了茶苗，老茶树不行了，结的茶果少得可怜。

“你来了，早上好！”

他们已把火生好，收拾完东西，准备进沟子。他们讲是等她来吃早饭，他们都讲美香还能来。

美香放下背篓，掏出糯米饭和酸鱼。

“好香呀！”张军吃得甜极了，一口气吃了一整条鱼。

“明天我多拿点来。”

这天他们回来得很早，吃过午饭，就躺在草地上，让暖烘烘的太阳晒着。

“好苗子，这里有好苗子！”他们很激动，喜悦的光从那深深的眸子里散射出来，感染了美香。

什么好苗子呀？美香不晓得。他们笑，她也笑。横直是件挺喜人的事情，要不然，他们为什么这样高兴呀！要是她死板着脸，肯定会扫他们的兴。

“还得深入考察。”

“对。要是这是真的，白云山就是一间银行了。呜——喂——”

张军掏出口琴，吹了起来。

潘秋放声大唱，从“遥远的东方有一条河，它的名字就叫黄河……”到“走在乡间的小路上，暮归的老牛是我同伴……”。

他们最后都累了，就坐在火边大口大口地喝水。

“美香，你们寨子还好过吧？”

“去年吃了四个月的粮所米[1]。”美香低声说，“人家河口寨的妹崽哪个没有手表戴？可我们全寨才有六块。怪不得赶街人家都看不起我们。”

“唉，山多田少，靠木头呀，要等到春水发了，才能够运送下去，运的数量也是有限的，而且水小，不几天就退下了。还有好多木头卡在半道上，这不是长久的法子。如今白云山的林地慢慢缩小了，不晓得哪天，这里的也保不住。”潘秋也叹了一口气。

“的确，这里连条像样的路也没有，这么多宝也送不出去。比如这满山遍岭的杨梅，可以制成杨梅干、杨梅糖，有可能的话，开个罐头厂，专制各种杨梅食品，每年的利润是很可观的哟。还有猕猴桃，还能卖到我国香港，甚至卖到欧美去。对了，成立一个民办合股性质的公司……唉，可惜就是交通运输成问题。”

岩上的樱桃花红过头了，春水就要发了。美香仍旧

① 粮所米：指20世纪80年代国营粮店的统销粮。

是来这鬼谷里头，帮他们照看东西，听他们讲那些她听不懂的话。

不晓得怎么了，他们不吃罐头了，讲是留着有用处，但不告诉美香。

美香已经开始被寨上的人讲背后话了。

那天，寨上的姐妹们来她屋子里找她玩耍，顺便问她织锦的活儿。她的锦织得顶好。姐妹们等了老半天，还不见她回来。

阿咪讲美香是去看茶山地，但大家都说哪有天天都去看的。她们打开她的箱子，想看看她的紫布锦绣好没有。妹崽们在一起都是爱瞎猜人家有对象没有。紫布锦倒是没有看到，却翻寻出来两双男人的布鞋，制作精巧得过白云山了。这是两双尺寸不一样的鞋子。

这下子呀，炸开啰。哪有一个妹崽家用如此精细的手工做两双男人的布鞋的？这不是同时款两个后生吗？哎呀，妹崽们都为她脸红了——她丢脸哟！对爱情不专一，可是犯了白云山神的呀！

美香回来时，阿大关起门，破口大骂。

美香低着头，光流眼泪不说话。她很想把这些天的事情都讲出来，可一想到那两个状元郎不喜欢热闹，想到要是讲出来，阿大他们肯定会进谷子里去，后果不晓得怎样呢，到了嗓尖的话，美香又吞了下去。

这两双鞋子是为他们做的，美香看见他们的白球鞋已划破口，脚拇指都钻出来了。她在他们不注意时，偷偷量好尺寸，回来赶几个夜工才做好的。鞋子当然是按送给情郎的规格精做的，人家可是状元郎呢！不好的哪个好意思拿出手呀！

美香本来是准备今天带去的，可阿咪一直在身旁，她不敢打开箱子拿出来。没想到……早知道托人出去买一把锁就好了。过去她也想过，可一直没有买。因为箱子里除了几件衣裳，一包碎布，也没有其他东西了。最近又没有织紫布锦，也不怕她们来翻。

阿大见美香低头没讲话，气得操起扁担没头没脑地打了起来。他担心呀，女妹崽家小小年纪就款两个后生了，讲不定肚子里头早有了，要是凸起来，还有脸去见人？

美香开始“哇哇”地委屈哭着，后来不哭了，还抹掉眼泪，她没有躲闪，让阿大打着。

阿大这时反倒不打了，眼瞪瞪地望着美香。

阿大长长地叹了一声气，手一松，扁担重重地打在楼板上。他一屁股坐在火塘边，低垂着头，把烟袋伸进火里，好久，都忘了抽出来。烟杆着了火，烟袋掉在火里头。

美香慢慢地进了里屋，两天都没有出来，阿咪送去的饭，每次只吃了半碗。

几天后，美香又背上篓子，从寨子中央的石板道上走过，下了坡，径直走进了鬼谷里头。

阿大和阿咪站在回廊上，看着小小的身影，长长地叹着气。

寨上的人都探出身子来，目送着那身影消失在绿茵茵的世界里。

“你病了？”看着美香消瘦的脸，他们抬起头，放下手中的活，关切地问。

美香轻轻地摇了摇头。

“你一定是生病了，以前你的脸红绯绯的。”张军下了树，在那里翻找好一阵子，然后提着一个小包包下来了。

“你哪里不舒服？”

“我，我有点头疼。”

张军右手按在她的额头上，左手按在自己的额头上，说：“没有发烧，还好。唔，可能是挨了地上的湿气，着了凉。对，准是感冒了。喏，这是感冒药，拿去吃，准好。”

美香接过了药。

他们今天没有再进沟里头去，也没有整天整天地看那石头。他们陪着她玩耍，吃着香香的面包。他们讲，他们带来的面包一直没有吃，要等她来，他们相信她会来。他们给她讲了好些事情，什么信息时代呀，第三次科技革命呀，还有万元户，就是有一万张票子的人。一万张呀，真多！

美香瞪着大眼睛，静静地听着他们讲。他们还讲农民进城开工厂，办商店，自己有小汽车，有私人秘书……人们坐在屋子里头还能看电影。

美香多么羡慕他们呀。他们晓得真多。

末了，他们告诉美香，明天他们就走了。

美香邀他们进屋住夜，他们看了看，笑着说不了，待暑假来时，他们一定去她家，他们不再住这谷里。

他们跟美香要背篓，美香爽快地给了他们。

美香把布鞋拿了出来。他们高兴极了，马上脱掉白球鞋，穿了起来。“哎呀，真合脚。”他们在草坪上摇呀跳呀，告诉美香这是迪斯科舞。他们也拉美香来一起跳。

这一次，他们把美香送到谷口。

第二天老早美香就进来了。

可是，除了那堆被水泼过的柴火，还有空罐头盒子，空中没有散尽的烟味，再没别的。

他们走了，美香觉得很难过，没能送送他们。

大树下，她送他们的背篓还在那里。她过去看时，里头有好些罐头。

美香轻轻说了声：“古拜！”

他们还会再来。

阿大和阿咪不敢吃罐头。阿弟看着直吞口水，给他时，却往后退。

美香吃了几口后，看见阿大、阿咪和阿弟眼睁睁地望着自己。她不吃了，而是出了火塘间，下了楼，倒在下边的猪栏里。猪吃得倒挺香呢，完了，抬起头来，伸伸舌头，叫了几声。

美香笑了。

寨子上的妹崽来找她耍时，不再嘻嘻哈哈，不再逗着新媳妇唱歌，也不再逼着新媳妇讲那第一个夜晚的事情。她们都长大了许多，都成熟了，像是有几个娃崽的阿咪了。

美香觉得像是失去了什么东西，她常常把罐头拿出来晒晒太阳。寨子上的人见了，都过来看看，摸摸。

突然有一天，杨通水和几个后生来找美香，跟她讨罐头吃。

美香挺爽快地搬了出来，替他们开好盖子。

妹崽们来了，阿大、阿咪他们也来了……个个笑眯眯的，直夸好吃。

美香获得了某种满足。

她对姐妹们讲，她要织紫布锦了，而且要织得白云山第一好看。送哪个人，她没有讲。

差不多两个月了，一天，美香突然收到了一封信。这可是山寨头一回的呀，还是从外头的大城市送来的呢。大家用敬佩的目光看着美香从乡邮递员手里接过那封信。

她把信递给了读过一年半初中的杨通水。杨通水受宠若惊地往屁股后头擦擦手，然后才双手捧过信。

这时早已里三层外三层地围满了人。

杨通水清清嗓子，念道："美香妹及寨子上的朋友们，你们好！”

“听听，还有我们呢！”

“嘻嘻，也问我们好！”

“莫打岔，念下去。”

“首先，告诉你们一个好消息，你们那里有一座锡矿，很有前途！假期里，我们去你们那儿野外实习，出乎意料地发现了这个矿。回校后，我们和我们的老师对标样进行了鉴定，是千真万确的。高兴吧！不久的将来，你们那里要成为一个矿区，公路要从你们门前经过，你们当中的一部分人将成为矿工。你们还可以把剩余劳动力利用起来，从事其他产业，把满山遍岭的宝贝加工、运送出来。”

末了，就是一句：“会好起来的！”

静静的，静静的。

杨通水手中的信抖颤颤的。

美香望着下头的鬼谷口，仿佛看到了公路、汽车。张军和潘秋从汽车上跳了下来，美香抱着一大捧樱桃花，奔了过去。他们手拉着手，跳呀，唱呀，“遥远的东方有一条河，它的名字就叫黄河……”“走在乡间的小路上，暮归的老牛是我同伴……”。

阿大走了过来，伸出手，轻轻地摸着女儿的额头，额头上还有一个包。阿大的扁担就是打在那儿的呀!

美香伏在阿大的怀里,“哇”的一声大哭起来。

(原载于《三月三》1986年,有删改)

水　谣

男人又从河的上游下来了。

一年三百六十五天，不晓得男人在这条河上上下下来回几多次。

往返一回，男人的脸上就多一道皱纹，男人的皮肤也添了一层墨色。特别是大北风呼呼的冬天，男人黑黑的脸皮会落下白沫，嘴角有时还滴着血。男人只是伸手拍拍脸，用衣袖不在意地抹下嘴唇，又抄起了桨。

每一回，男人眼眸子里的光又浓了一层。

男人的渔船，搭着一间矮小的屋子。屋子里，一个枕头，一床被窝，一口铁锅，一个碗，一双筷子。船尾悄悄地挂起一张渔网，渔网下，一只雄鱼鹰孤零零地打瞌睡。男人讲，现在还不能增加一张网和一只母鱼鹰。

月亮出来了。

男人把渔船湾在大榕树下。

铁锅里只剩下一点汤汁了，小方桌堆了一堆的鱼刺。男人打了个嗝儿，把头伸出船舱外。风软软柔柔地拂来。男人看见了一双十指尖尖的温暖的手。男人躺了下来，解开衣襟，袒露岩石般的胸膛。

小油灯几时灭了？

眉毛浓浓是江上夜晚的墨色，眼眸亮亮是天上星星的莹色，那弯弯的嘴哟，山凹子的月亮哩。

噗的一声，男人一跃一插，进水里了。好久，远远的河心冒出一个头。男人双手高高举起，红鲤鱼在阳光下发出金色的光。

小小鲤鱼江中游，
摇头摆尾碰船头，
知道我家有客来，
……

男人学着电影《刘三姐》里阿牛哥的腔子唱道。有时候，男人把网里的鱼给忘记了，抬头望着悠悠的绿水。男人企望，哪一天，能有一张葡萄藤，托来刘三姐。男人拍着铜色的胸膛——再也没有谁敢逼她跳龙潭了。鱼鹰扯男人的手，男人才从梦里醒过来。

三月三抢花炮，男人也去看。那里的妹崽多得很哩，那里的妹崽一个个水灵水灵的。

船来到河湾了。一葫芦酒下肚，男人敢肯定，能抢头炮。

有女莫嫁水上漂哟，
十个水佬十一个糟，
有朝一日翻了船，
独守空房，
妹你心里慌不慌？

男人把跟了多年的酒葫芦扔进寻江里，湾船就走。

河口寨的妹崽最好了。经过那里，妹崽已在码头上等着了。一块八一斤的上好花边鲤，男人一块五就乐意卖了。男人看着妹崽乌油油的头发，粉嫩嫩的脸蛋，白白的脖颈……哎呀，想到哪里了！

“鱼哥唉，怎么不收我的钱了？”

“昨夜打了一夜的鱼，困。”男人打了个哈欠。妹崽一眼就看出他是装的。

“鱼哥，你几好哩，几有本事哩，打得几多的鱼哩。”

男人看着那双眼，说：“我是个水上漂。”船头一摆，走了。

“不嫌。鱼哥唉，我家的新门槛，待你来踏哩！”

男人想起了那一次过无情滩，多亏自己抢得一根木筒，不然就成水鸭子了。男人不敢回头。

星星出来了。

男人第一眼看见的是牛郎织女星，还有隔在中间的天河。

河水悠悠往前流，
流到村前哟不舍得走，
那喂鸡的人儿呀可知道，
一个男人哟躲在船舱看了好久。

男人再也睡不下了。男人解开缆，拨转船头，向上游河口寨划去。明天就是赶场的日子，鱼很好脱手哩。

“半夜去哪里？”月亮星星探出头。

“我想在船上多个碗，添双筷！”

（原载于《丹凤》1986 年，有删改）

牧 歌

“你问我爱你有多深，我爱你有几分……”

小伙子收录机里扬出的歌声，翻过了大山坡。这是一片很大的草场，草场的东缘，一条清幽幽的小溪汩汩流淌。羊儿沿着山道，自由自在地向熟悉的地方走去，像一片灰白色的云。

跟往常一样，邻乡巴桑老汉早就坐在尼龙雨布下边，吧嗒吧嗒地抽着旱烟。深隐在皱纹堆中的两颗眸子久久地凝视着远远的山峦，仿佛是在期望着什么。

“喂，老人家，每天都这么早呀！”

“你小子的羊的膘长得真够快。”巴桑老汉重复着讲了三个月的这句话，“不到半年，就把我一岁的羊甩在后头了。”

“那当然！”小伙子摘下太阳镜，插在屁股后头的皮带上，“一只的价顶你的四只！不花点本钱，哪发得财？”小伙子掏出纸烟，递了过去。

“不够劲，留你们后生仔摆阔去吧！”巴桑老汉不开心地说。

小伙子不满地瞥了老汉一眼，说：“这五对羊是引进的新品种。你看，长得多喜人。”

巴桑老汉不说话了。

“明年，我就拥有二三十只羊了。后年，再翻一下，就是近百只。啊，我要搞个牧场！”说着，小伙子激动地站了起来。

“这么一大片草场，养几千只羊没问题。喂，老人家，别再放你的瘦羊了，来帮我，月月给你七十块钱。我还要在这里起房子，砖到顶的呢！老人家，你的腿不方便，我买摩托，你骑着电马牧羊。要几美就几美！”

巴桑老汉敲敲烟袋，轻轻一笑：“癞蛤蟆想吃天鹅肉。”

“不是想，是要吃！喂，老人家，我雇你，肯吗？”

“你要当地主？！”

“对。地主地主，土地的主人。我是，你也是。老人家，你有个小女，还没有婆家。等我三年，我起好砖房，办好牧场，用这当彩礼！”

巴桑老汉嘿嘿笑了几下。慢慢装上一袋新烟，吧嗒吧嗒地有滋有味地吸了起来。那双眸子，又长长地望着遥远的山峦。过一会儿，叹了一口气，说：“唉，等不到了啰……”

“等得到！”小伙子自信地甩响鞭子，戴上太阳镜，把羊赶往那边的溪畔。

“你问我爱你有多深，我爱你有几分。你去想一想，你去看一看……”

歌声又飞满山坡。

（原载于《贵阳晚报》1985年，有删改）

竹叶船

一条石板砌成的小径从河边一步一步通往山坳，突然跌过去不见踪影了。

火柴盒样的船轻轻漫步在红晕的世界里。然而，火柴盒在膨胀，拇指大的帆累弯了腰。

那年走的时候匆匆忙忙，忘了把它带走。

老榕尚健，苍老许多。

水面驾行羽舟，风雨涤走光泽。散了，沉，浮。

孤零零的那个鸟窝去哪里了？每每赶集，都咬着小指头，久久地望着，不是阿妈抱起，牛打马、马打牛都不晓得。

每条枝丫上都筑着鸟窝。鸟崽唱着歌迎妈妈归来，惦念妈妈嘴里的虫子。虫子一丢，无底洞，又扎进红晕的世界里染上一身的血。

伸手捧起河水——竹叶船！

一个浪头盖过，顶好远。昂起身一抖，水珠四溅，高傲扬起风帆。

竹叶船往东。看见了，高楼群立，飞鸿玲珑。《青春曲》几时飘来？扭腰摆腚，沙地升腾热气的脚印。

迪斯科，霹雳舞。

河里少了许多渔歌。有人浮水，一沉一浮。竹叶船钻出碧绿的波。

“哞——哞——”，暮归老牛驮来一身霞光。

晚翔蜻蜓扇起一片童真。

顺手拔根草，草骨一节一节遗弃屁股，草梗的愁肠一寸一寸增长。

河更为窄了，古榕更为矮了。还有脑海里的那座曾经是一个光着屁股吃鼻涕的娃崽同小蟋蟀捉迷藏的木楼。

一切的一切变得越来越小、越幽深古老，唯有那身后的影子越来越长。

河窄了，但还是那样的长。

在不断增长的视野里更长，更长。

竹叶船慢慢望不见了。

（1985 年完稿）

两岸间的河

骑在牛背上，挥动竹鞭："冲啊！"

火塘挖颗火子，点着烟。一个个圆圈，一种种思想。

寨子头一个挑水的妹崽，咧嘴，随风儿轻轻飘出："哥耶，回来了！"放下桶架上扁担，"坐呀，哥！"

他若有所思，望着遥远的云。

什么时候都是这样，挑半担水，放下桶，坐在搭架上头的扁担上，用稻梗吸满水朝脸一挥，几好玩。那一回刚好射进嘴里，一咽，几甜哩。

他还是那个样子，只是后脑勺的羊角不见了，换成了打屁股的软棒。

"戴那号东西不痛眼？"

曾把外婆的老花眼镜偷出来玩耍，几痛眼，几头晕。

"人老了才戴的呀，你为什么也戴了？哦，是读书了才戴呀！是不是戴了就能吃'国家粮'了？哪天我也找个来戴。等我吃'国家粮'了，天天都能见着你了。"

出门，穿过窄窄的夹道，眼前是一片田野。

几多时候风和天蓝，田埂边一对小人头插草梗，嘴咬草须在顶牛。"哞——哞——！"输就输在那刷人脸痒的羊角杈。

公牛最恶！

母牛最恶！

公牛最够力！

母牛最够力！

远远飘来稻梗笛声，笛声那头是笑靥还有酒窝子。

他抱起了吉他。深沉的音符，迪斯科，华尔兹。

两岸间隔着河。

河水天天都流。

（1985 年完稿）

河　魂

这是一条河，映出莽莽苍苍。偶尔一声高鸣，给大山增添了许多古老而神秘的气息。

大山是喝浓酒、抽烈烟的男人，躺卧下了，时而打个响脆的嗝。山下的河是带着野性的女人，忙活了一整天，此刻，正裸露着胸脯，让疲倦从幽深的乳沟间散发出去。

黄昏的风悄悄荡过河面，河的脸被轻轻吻平了。接着，打了个水漂，水圈一层一层往外叠，河面泛起波纹。

春天到了。当春水把树枝浮渣送进大海的时候，在凉浸浸的风里，上上下下的鱼都游到了河面。

大黑早早就从石洞里出来。

大黑吓出一身冷汗，要不是刚才用力一挣，恐怕是永远要在那个黑咕隆咚的洞里待上一辈子。他不甘心呀，他正年轻哩，他的身上有一股要喷发出来的力量，他要去斗争，他相信自己不是白吃饭的东西。要是永远待在那个洞里，他会闷死。

“呼——”他长长地吐出一口水。旧年，他仍是一个跟屁虫，一步也离不开妈妈。妈妈把他领进那个洞后，很快就转身走了，一句话也没说。“妈妈——！”他追了出去。妈妈回过身子，头一撞，尾一扫，把他逼回洞里。妈妈冷漠的眼光叫他直打冷战，他呆痴地望着妈妈消逝在那幽幽的绿幕里。昨天，妈妈对他说："崽崽呀，妈为你找了个家，明天就带你去。妈要到远远的地方去，你千万不要来寻妈。"

太阳出来了，暖和的光透了下来。大黑一昂头，升上了江面。

"这是哪个呀，怎么旧年没见过？"

"漂亮！"

大黑不敢迎视那一双双灼热的眼。大黑的脸热乎乎的，他慌得似箭一般扎进水底。

大黑又浮上水面。

到哪里去找妈妈呢？先到上头的坡会去吧。年年都在那儿举行二月春社，那是一个多么迷人的地方！要是能有个妹崽同他手牵手，双双走进坡场，该有多好。刚才自己被妹崽多看几眼就慌成那个样子，太不中用了。

妈妈一定在那儿。

大胆的妹崽拢过来了，挨着他，时而用手碰碰他。大黑心想找妈妈要紧，他用力一摆尾，把妹崽甩在后头，留下一片惆怅。

春社真热闹。

大黑抱起芦笙，跃进坪子中央。那曲音，时而高山行云，时而流水送月；那舞姿，把那些个含苞欲放的妹崽迷得神魂颠倒。突然，一个身影一闪，那妹崽早已来到大黑面前，用带着她身上的那股子馨香的贴身汗衣罩住了他的头，接着牵住他的手往礁丛走去。大黑什么都记不得了，只晓得，握着他的那只手又暖又柔。

古老的榕阴，绕满缠绵的情歌。

两个到了沸点的躯体贴在一起，四片抖抖的嘴唇挨在一起。一首青春曲随着热血升飘。

大黑突然一惊，推开对方。对方还没有从绵绵的情海里回神，大黑就惊慌地逃到丛林里，钻进一个黑乎乎的深洞。

是妈妈！是妈妈！

他渴望找到妈妈，而今，他又不敢去。不敢，不敢呵。

黄昏的江面像一幅暖色的画。

小黑来了，水镜套在脖子上，鱼枪扣在皮带上。

其实，他不黑，他长得白俊俊的。榕阴下的船儿动了一下，探出黑里透红的脸。

后来，他告别了河，上岸读书去了。

小黑使劲把一块石头踢进河里，接着，长久地望着河滩。

他不晓得自己的阿爸是谁，只记得满脸挂泪的阿妈。那一回，他们喊他“野崽”，他跑回来问阿妈。阿妈紧紧地搂着他，伤心地哭了。他的嘴唇在那天被咬出了血印子，后来在同一天小黑把他们从不同的地方丢下了河。

“娘的，叫那小子出来！”

“再不出来——哼！”

阿妈跪在门槛外，哀求着。

“妈，起来！”他一手一把菜刀，站在门口，那对眼就要让血给冲出来了。那些人吓得转身就跑。

阿妈驾着那条半旧的小船，把小黑从小学载到初中，又由初中载到地区高中民族班。进了地区高中，大学的门槛就挨着了，人家多么眼红呀，但又不得不敬佩这个活寡婆和她那没见过老子的崽。

小黑一屁股坐在石头上。

小黑摸出烟，可是火柴丢了，他直咽口水。

“啪”，一盒火柴落到他面前。不用看也晓得是哪个丢来的。小黑把一截烟咬进嘴里，含着。烟上瘾也真快，才三个月，一天两包都不够。

年头阿妈死了，因为劳累过度。读到高三的他只得提前回来，就差一个学期没毕业。

他本来是可以过另外一种生活的。他也可以把眼睛人为地弄坏，把视力降几度，然后戴上镀金的低度数近视眼镜，穿上黑色西装，打上鲜红的领带，出入舞厅。迪斯科、伦巴、华尔兹、探戈。如此，完全可以讨得一个妹崽的喜欢。

他把那条船卖掉后葬了阿妈。明天就交船了，晚上他独自解缆把船划了出去。困了，他往一个小水湾靠去。一个妹崽蹲在那里，他也懒得多看一眼，撑着船就走。身后传来哭声。他恼怒地冲着黑暗处喊道："你哭个啥，我什么也没看见！"

"不，我不能死！"

大黑慢慢浮升到水面。

"去吧，妈期待着你！"

是的，妈妈期待着。

大黑昂着头望着二月春社坪，芦笙曲正随风飘来。

但他不能去，他怕见着阿妈。

往前走吧，离这儿远远的。

真困，他浑身没力，只好借着河波，慢慢向下漂去。

月亮婆婆，你怎么还不出来？真想见见你呵。多少次，我曾依偎在阿妈怀里面对着你……阿妈常讲，下头有个黑龙潭，很深，又静。

黑龙修成仙道，上天池去了，遗下一颗黑珍珠，让螃蟹精看守。那螃蟹精也是个得道的东西，能隐形。哪个得了黑珍珠就能有一个永恒的魂。

大黑要为妈妈求得一个魂，永远留在这条河上，永远。

夜幕渐渐拉开了，唯有那西天的余光印在水面上。小黑驾着船往黑龙潭驶来。

姨妈昨天跟他讲，他有阿爸，在遥远的省城，曾经是个大学生。他上了大学就不要阿妈了。小黑不怪阿爸，他目睹过那些亦工亦农的辛劳。农忙时节请假回家做工夫，晒脱了几层皮，接着拖着疲倦的身子上班，工作又干不好，老挨白眼，家庭负担和精神负担都重。

星光朦胧，水波粼粼。小黑把船泊在黑龙潭边的一丛礁石边上。实在太冷了，他拿着酒葫芦，小小地喝半口。闯春的水佬，酒就是半条命呵！不到关键时刻是不能动的。半口酒哪能抵事？他用毛巾将腰勒了勒，往船篷一靠，咦，松软软的，是床被！大辫子不住船上呀！

她晓得我今夜闯黑龙潭，特意放床被？他真后悔把她恼走了。小黑一巴掌打在自己的脸上：“算什么男子汉！”

摸出烟，掐一截塞进嘴里。

小黑离不开学校！卖了船还余下些钱，他想去做木头生意。大舅做这行当发了财。他不希望发什么大财，不过能成万元户也是挺不错的哩！他本小，就做个跟屁虫吧，跟一趟得百把块钱，一年下来，两三千是要得的吧。然后再复学，他要进大学呵，虽然辛辛苦苦四年下来就为了得到那么几十块一个月的体面工作，但做人光是为了钱吗？

小黑老是睡不着。

大黑却睡得又香又甜。

大黑就睡在小黑船底下的礁石槽里。

大黑的一只手给螃蟹精夹断了，血水喷射而出。大黑紧紧咬住牙关，不让泪水滴出。他是个男子汉呀！他没有畏惧，没有退却，仗着灵巧的身子，围着螃蟹精绕八卦。突然，他猛扑过去，一口咬住螃蟹精的脑袋，一股湿热的东西涌进嘴里。在此同时，他的身子被两只大钳子紧紧夹住。尾巴断了，钻心地痛。卵石大的汗把眼睛糊住了。不能松口，不能松口！钳子渐渐软下来，最后松开了，大黑的嘴满是螃蟹骨。四周的东西在飞旋，他实在架不住千斤重的眼皮。用力，用力。突然，岩石坑里闪烁着荧光。大黑心一震，扑过去，但没尾巴，平衡不了身子，一下撞在石头上。

哎哟！

大黑抬头一看，太阳就要出来了。

一道光直射眼皮子，小黑眼皮子一跳，惊醒了。

小黑伸腿坐起来。

“日头晒屁股了还不晓得。”

小黑钻出篷子外。太阳还没出来，刚才那道光从哪来的呢？

小黑咬开葫芦塞，咕嘟咕嘟就是半葫芦酒。然后，冷峻地望着水汽渺渺的潭面。此时每一个毛孔都充满着热，他把衣裳脱掉，只剩下贴身汗衫，接着跳进水里，绕着潭底兜圈子。

也不是第一次闯春了。小时候，小黑就偷偷跑来过，跟在大人的屁股后头。

阿妈晓得了，来拖他回屋，用鞭子狠狠地打他。他的屁股脱了几层皮。他的嗓子哭哑了，阿妈紧紧搂住他，那暖暖的长满粗茧的手轻轻按在满是鞭痕的屁股上。“崽崽，恨妈吗？”

什么也看不见。小黑加劲往更黑的水层扎下去。

什么也看不见。大黑失望地从潭底慢慢升起。刚才的功夫白费了，牙齿白在石头上磨了，为了把牙齿磨利还把嘴皮磨掉一块呢。大概是黑咕隆咚的，眼睛一时还适应不了吧。

一个白影擦身而过，大黑吓了一跳，赶紧往礁石那边一闪。怎么老螃蟹修成白身了？对了，阿妈讲过的，它能变。个头这么大呀，还是躲开好。不，不能走！大黑定了定情绪，试探着向那个白影游过去。近了，近了。突然，猛地往前，对着白影的背后一撞。

小黑觉得有一股力推动着水朝自己冲来。不好！他一偏身，一条黑乎乎的影子擦身而过。真的是黑龙？他吃惊地抽出了匕首。

大黑好不容易才稳住身子。刚才明明对准他的后背，怎么是空的？大黑意识到对手的力量强大，不能掉以轻心！他返回身子，慢慢向白影逼近。那两排锋利的牙露出来了，随时准备咬断对手的喉咙。

一黑一白在水里兜着圈子。

突然，大黑一转身，箭般往前蹿。他感觉身后的水往前推的力够大的了。他用力一抡粗圆的身躯，“啪”，激起的水拍向小黑，小黑的脸火辣辣的，呛进一口水。他转了几圈才稳得住身。小黑气开始紧了，他往上用力一挣。就在这个时候，大黑往前一射，张开了大嘴，牙齿闪着凶恶的白光。小黑返身将匕首一挥，在大黑的头上划了一刀，接着双腿一蹬，浮了上来，很快又返身扑进水里。

“妈呀，厉害！”

大黑捂着伤口，往潭底一沉，趴在泥上。

大黑要静静地，重新估量自己，估量对手。

太阳露出头来了，东边的山巅抹上一片金黄，河面升腾朦胧的紫气。而这潭，像一面黑黝黝的镜子。

小黑浮升上来。他的嘴唇微微抖动，大口大口喘着气。

突然，屁股一阵撕裂，小黑惊痛得整个身子蹦出水面。水面染上一丝血红。

裤衩也烂了。小黑这回真的被激怒了。他戴好水镜，一翻身扎进水里。

他缓缓地旋转而下。他发了狠心，鱼枪牢牢地系在手上，打的是死结。

大黑精神大振。刚刚偷袭成功，鼓起了信心，他摸到对方一些弱点，便迎着那条白影兜圈子，继续寻找进攻的机会。

圈子越兜越小，身子越兜越慢。

突然，大黑一个转身，箭一般逃往下游，很快就射出潭外。

小黑怔了，不解地望着远处的黑影。他浮出水面换口气又沉下去。就在他刚稳住身影时，大黑急促地扑过来，在离他三尺远的地方一个急转身，扇起一股水直冲他的脸。

小黑的脚板心开始发冷了。这是不祥之兆，酒气正在衰退，一旦过了肚脐眼，整个身子就会慢慢僵硬，不听使唤，接着会全身抽筋。他往上蹿出水面。

小船就在前头。

就在他扶着船沿，准备翻身上去时，小腿肚上钻心地痛。小黑连同鱼枪一起扎进水里。

大黑低估了形势。鱼枪挨着脊背时才想着避开，但来不及了，内腔一阵剧痛。

太阳就要落山了。小黑的肚子咕咕喊着。他几次试图接近船，把葫芦里的酒喝了，抵挡一阵子疲倦。但是他所作的努力一次又一次落空。

他平仰在水面上，望着神秘的天穹。他要调整身体的各个器官，好做下一回的努力。时间在一分一秒地流逝。“有了！下回拢了船，先把鱼枪绑在船桨上，然后再不急不忙地上船。为什么先头不这么想。”

天上的云变得模糊了，接着什么都看不见，小黑的身子飘飘地移动。

大黑也靠在一块大岩石上，血正从伤口流出来。几次他都拼命地咬那根要命的绳子，就是咬不断。疼痛早已消失。麻木，冰凉。

突然，大黑眼睛一亮。潭那头有根石柱，石柱上有一个洞。穿过去，缠住它，就有命了。

一股水直压肺门。小黑慌乱地蹬脚，可那股力直把他往水底拖。接着又呛了几口水，他惊醒了。透过水镜，看到的是乌沉沉的水。他换了姿态，伸腿摆手，用力，再用力，还是上不去。嘴唇咬出了血。一朵朵金花直扑眼睛，胸闷沉沉的。这时候反而清醒了，他吸了一小口水，含在嘴里，然后一丝丝吞到肚子里边去。气没有那么紧迫了，凉水过处，一道舒适。

大黑换口气，用力一挣，就往洞里钻。头刚过得去，身子却卡住了。糟了！脑瓜还没有反应过来身子就被一股力猛地一拉，升到水上层。

小黑也换口气，扎进水里。他知道，要将自己拉到船边已是不可能的了，他能起来换气已是侥幸。他必须用仅存的力迎上去，用匕首结果那家伙，才有回到船上的希望。

大黑正用力往潭底拉着，白影夹着一股水直扑过来。“妈呀！”他忙转身，可背上还是挨了重重的一刀。第二刀在他的脸旁闪过，将他的几根绒须斩断了。他不知哪来的狠劲，直沉潭底。他晓得，到了潭底就是他的胜利。他的优势就在这里，而这恰是对手所畏惧的。再也不能到上层去了，死也不能。想到死，他真不甘心。

来到令人耳痛的水层，小黑深知危险。想到死，他也不甘心。

周围的一切越来越黑。太阳看来到山那边去了，潭面肯定被山影遮住。小黑的头比前回还要涨，吸水急救法已不灵了，好几回，水都无情地灌进他的肚子里。奇奇怪怪的东西浮在眼前，冲他狞笑——有角的马，长刺的葫芦，骑人的单车，赶人拉犁的牛……后悔呵，真后悔没让长辫子一块来。长辫子多美，是世界上最美的女人！那对眸子，眸子里的那片痴情，眸子里那粒粒晶莹的泪珠。

大黑的内腔又剧痛起来，周身一点力气也没有，身子正在融化。眼睛被蒙上了一层雾，大黑试图摆下尾巴，可是动弹不得。真后悔呵，没认妈妈。那张断了两颗牙的甜甜的嘴呵！

一切都是那样宁静，水仿佛凝住了。而灵魂，正脱窍而出，飞升到那美丽的、遥远的、神秘的、充满幸福和希望的、充满灿烂阳光的天国上去。

水中的那个白影被一团更白的雾吸去了。接着潭水沸腾，一条小白龙傲立潭里，那颗乌莹莹的宝珠在他的嘴里含着，把水照亮了。

潭底“一”字排着九条船。船正扬帆待航，船上的珠光宝气把四周映得透亮。一条小黑龙卧在金链上，眼睛不停地扫视周围。

夜幕悄悄地降临了。潭面平平静静的，把一缕缕夕阳的余光全都抱在了怀里。那条小船，在暮雾里漂移，那么逍遥，那么自在，嘴里飘出缠绵的小夜曲。

有人泅水？

微风似乎送来焦急凄凉的寻人声。

呜——呜！

（原载于《民族文学》1987 年第 4 期，有删改）

苗锦里的雨卜

雨卜是一个镶嵌在苗锦里的村寨，那里留存着我的文学梦絮。

对于雨卜的“闻知”，是在20世纪70年代末期。

对于雨卜的“认知”，是在20世纪80年代中期。

对于雨卜的“感知”，则是在21世纪20年代初期。

1978年8月，家父结束在象州县的“劳动改造”，举家迁往三江侗族自治县。受赋闲在融水的梁彬先生邀请，途中拐进融水小聚，恰好碰上覃桂清先生。

覃桂清先生与雨卜之间的缘分很深。

覃桂清先生于1955—1963年在大苗山苗族自治县（今融水苗族自治县）文化馆创作期间，与肖甘牛先生收集整理《友蓉伴依》《哈迈》《雄当和配莉》《冷祥》《顶洛田勾》《染常》《龙乌支离》《埋岩》等8首苗歌，结集为《哈迈》，于1962年9月由作家出版社出版。其中《友蓉伴依》《冷祥》《顶洛田勾》《染常》《龙乌支离》《埋岩》均采录于雨卜村雨梅屯。

覃桂清先生将《友蓉伴依》《哈迈》编写成苗戏，配上苗歌曲调，由苗族青年文艺爱好者排演，一时轰动大苗山。覃桂清先生由此获得“友蓉工作”的称谓。

多年以后，覃桂清携新作《刘三姐纵横谈》书稿登门拜访家父，家父与他提起“友蓉工作”趣事。原来，当年在雨卜演出《友蓉伴侬》时，几位美丽大方的雨卜姑娘成“一”字站在覃桂清先生面前，任他挑选做老婆。那天，在家父的书房里，覃桂清先生唏嘘不已。家父打趣：“‘友蓉工作’没有成为苗家郎仔，俺过伟同志倒是做了苗族女婿。”

1982 年 10 月，我的处女作小说《我有一支苗笛》获得《民族文学》的用稿通知，从此心中的文学之火熊熊烧燃。

或许受覃桂清先生的影响，更多则是受广西文坛前辈苗延秀（时任广西文联副主席）和周民震（时任广西电影制片厂副厂长）的影响，1983 年 1 月，我开启了一个文学青年的大苗山文学梦之旅。

20 世纪 50 年代，苗延秀这位从延安鲁艺走出来的作家、诗人，深入大苗山苗族自治县（今融水苗族自治县）采风体验生活，创作叙事长诗《大苗山交响曲》（由新文艺出版社于 1954 年 4 月出版）。周民震这位从柳北游击总队走出来的作家、剧作家，在大苗山苗族自治县（今融水苗族自治县）获得文学灵感，创作《苗家儿女》

电影剧本（由江南电影制片厂于 1958 年上映）。

我前期游历主要在与外婆家关系密切的融水白云乡一带，1984 年 6 月决定前往“闻知”数年的雨卜。去雨卜前夕，在融水县城拜访了县文化馆馆长王天若先生，他推荐我去县文化局干部陆征的老家。那天，班车在四荣渡口停靠。下车后，我问清楚去香粉街的路，便匆匆吃了碗四荣粉，过渡后，往香粉街迈步而去。日头过午抵达香粉街。那个时候，香粉还不是乡，仅有一条短短的街，街头打个喷嚏街尾马上能听到。我认为香粉因为米粉香甜而得名，便在那里吃了碗香粉米粉，吃过之后没有留下什么印象。看来，“香粉”这个地名的由来并非米粉香。

沿着香粉河一路问，一路往山里走，远处显现雨卜河边的大榕树。此刻，村头一家独立木楼庭院走出一位大姐，我便上前询问陆征家往哪里走。她告诉我，沿河边往前走，绕过东兴屯，右边有条路，顺着路往山上走，翻过山坳，看到的第一户人家就是了。

这么一指，在雨卜有了另外的机缘。或许是“陆”“路”同音，这位阿姐把我引到了她的婆家，雨卜村乾如屯的路中凯家。

多年以后，与陆征先生闲聊，他玩笑道：“那几天我正在家里。去我家不用爬山，我们寨妹崽多，搞不好你老弟做成我们寨的女婿，我们成为亲戚呢。”

乾如屯的路家就一个女崽，早早嫁到贝江口。我到路家的时候，路家大崽已结婚，老婆就是雨卜村头给我指路的那个美女。二崽、三崽、四崽都未婚。

我对于雨卜的“认知”便从路家开始了。

20 世纪 80 年代初，外出务工尚未兴起，人们大多待在家里。雨卜虽然经济欠发达，人气却很旺。路家的小崽路红初中毕业没多久，便待在家里帮忙搞“代销”（路家在家里开代销店），可以整天陪我。

因为我的到来，路家成了乾如屯及附近村屯青年人的聚集点。

路家三崽路明在雨梅屯定了亲，女方有一个哥、两个弟。哥是个银匠，已结婚。两个弟在读小学，放假很爱跑来路家玩耍，时常住个三五天。路明的未婚妻也常过来，回去的时候，路明干脆就让我帮送回雨梅，因此，那几年，我也常在雨梅住。

路红经常和我一起下卜令屯。卜令是雨卜村最大的屯，是雨卜村委所在地。柳北游击总队部分人马曾在那里驻扎。20世纪50年代，雨卜留下了苗延秀、周民震、肖甘牛、覃桂清等老一辈文人的足迹。

我在卜令屯碰上苗族舞蹈家龙老太辅导雨卜芦笙队，以前我们一起喝过雨卜米酒。

“认知”雨卜期间，记忆深刻的要数一次“醉肉”。路家在卜令屯的一家亲戚杀猪给老人过寿，邀请亲友聚餐，路红和我做代表赴宴。

主家寿星长辈敬我三块大肉。20世纪80年代初、中期，肉食相对稀少，吃顿饱肉是村里人的小康生活梦。吃过饭，我们返回乾如。到半山坡时，我俩腻得走不动，只好躺在山坡上过了一夜。好在是初秋，天气不是很凉，我们没有感冒。此后十几天，我俩谈肉色变。那个年代，待客“醉肉”要比“醉酒”级别高很多。

“认知”雨卜期间，同为文友的苗族诗人梁柯林悄悄来看过我。此后，我每次从雨卜返南宁，路过融水都必须给他带一大塑料桶路家蒸煮的米酒。后来，每每在南宁小聚，他都提起路家的米酒，搞得南宁的融水老乡也惦记起路家的米酒来了。

因为想更好地“认知”雨卜，也因为受到著名作家柳青举家扎根创作地的事迹感染，更是因为文学青年的冲动。有一天，我突然与文友梁柯林提出，能不能安排我到雨卜小学做个代课老师，教语文应该没问题。梁柯林不敢答应，说要问过叔叔和杨阿姨。这一问就没有了下文。如果柯林兄也来个诗人的浪漫冲动，或许我的生活道路又是另外一番风景了。

1986 年 5 月，母亲退休了，我便回南宁顶工职。母亲是工人，于是我便成为广西师范学院（今南宁师范大学）保卫部门的一个合同制工人。未曾料到，多年之后，原广西师范学院保卫部门合同制工人的我成为南宁师范大学旅游与文化学院客座教授。

离开雨卜之后，也时常回来看望路家两位老人。

路家大媳妇随意一指，让我贸然来到乾如屯的路家。他们没有见外，反而热情接待。他们不知道我是哪里人，是来干什么的。见我带有一台相机，以为我是照相的。路中凯阿叔善意提醒，雨卜人喜欢照相，但是没得钱。他还说最多收他们 5 角钱一张，不能太贵。

后来，我就成为路家的一员。

2022 年元旦，自治区级非物质文化遗产代表性传承人梁小哲举办一场织绣活动，邀请我参加。活动前夜，与小哲一家围桌吃饭。其间，我们逗趣小哲夫妻俩。小哲丈夫李少宁忽然认真地对我说："兄弟，我可是真正驻村入户！"

原来，少宁兄退休前是柳州钢铁集团的干部，柳钢是雨卜精准扶贫的帮扶单位。一来二往，一段姻缘就定了下来，是否轰轰烈烈只有他俩知道。

少宁兄十分支持小哲传承与弘扬苗族服饰文化的工作，并忙前忙后张罗织绣活动。

这位女婿，雨卜村百分百接受，雨卜人很满意，苗妹小哲很甜蜜。

"认知"雨卜期间，是我写小说的高峰期。在乾如屯路家的木楼里，完成了《江上的春》《闯鬼谷》《春水》《山里杨梅酸甜甜》《河魂》等小说。其中《江上的春》《春水》《山里杨梅酸甜甜》于20世纪80年代首先刊发在融水苗族自治县文化馆主编的文艺期刊《苗锦》上。后来又刊发在《民族文学》《琴剑》上。因为有《苗锦》，雨卜于我心中永远镶嵌在苗锦里。

看着忙碌的少宁兄和每个细胞都带笑的梁小哲，我猛然"感知"雨卜。

苗锦里的雨卜，是那么的美。

谨以本文作为我的文学札记。

（2021 年完稿）

菜园梦，梦菜园

那遥远的故乡有一个挺大的菜园，菜园里曾经有一个蹦蹦跳跳的小男孩儿，那就是我，一个叫过竹的小不点。

许多许多的梦，就是在这个菜园里发生的。

一条水渠绕了大半个菜园，菜园就在水渠的下边。我的爸爸是菜园里的菜头，他在这里已经种了2年的菜。

我3岁那年，妈妈也要下放了，要好长时间。于是，我便离开了象州县城，离开我的妈妈，来到了这个叫花山村的地方。

那个时候没有电视机，更没有电子游戏机，我拥有的只是这个大菜园：番茄红艳，南瓜金黄，茄子紫蓝，蔬菜滴翠。

同我玩得最多的是小瓜虫，筷条头大，金黄色的，在瓜花上翘着小屁股爬来爬去。南瓜开花就来，瓜花凋谢就不见。每年，爸爸将瓜本种在地里，我就天天帮着淋水，天天数着时间，看着南瓜籽冒芽，长藤……终于有花苞了，就等着花开，小瓜虫爬来。

到了冬天，菜园边的池塘最吸引人。爸爸他们这些大人常用竹箕到那里捉水爬虫，然后晚上围坐在火堆边烧着吃，很香很好吃。这时，定有叹息声响起：“有没有口酒，唉！”

菜园周围都是山，长有很多很多的野果，地稔子、鸡屎果、麻雀果、糯米果、爆牙狼、齐墩果、山枣子……差不多一年四季都有山果子吃。

山上有很多的鸟，覃一雄这个桂中游击队侦察员出身的牛“司令”最会用马尾套装鹧鸪和山鸡了。我常跟他上山下鸟套。他很会看鸟路，能辨别出各种不同的鸟路，看鸟路是新的还是旧的，鸟还往不往回走。这些他都懂。我跟他好几年，却没有学会他的本领。其实是他藏私，不肯教我。我下的套常被咬断，他笑我是在老鼠路上下鸟套。待离开花山村时，我仅仅会装苦楝鸟。

每年的深秋，成群结队的苦楝鸟便飞进山里来过冬。这个时候，苦楝子熟了，它们就来吃。苦楝鸟喜欢吃自然熟透后落到地上的苦楝子。我们就到苦楝鸟最爱去的苦楝树下，将那些最好的苦楝子捡放一堆，四周插上小竹枝，留下一个口子，口子上装两支马尾套。苦楝鸟去吃里边的苦楝子，就会被马尾套套住。

大水渠里的鱼很多，我也常用大头针弯成钓钩去钓鱼。因为有这么一条大水渠，在 4 岁的时候我就学会了“狗刨式”，6 岁时自由泳、蛙泳、仰泳都游得很在行了。

7 岁那年，我在前头，爸爸跟后边抬着自制的小课桌，穿过菜园，绕过水田，来到好几里外的花山村小学。

我读书了，从此，那菜园的童话便结束了。

常有人说，姓过，少数民族吧?

我是苗族，但过姓虽说是少见的姓氏，还真的不只是少数民族才有的姓。

我是广西人，也可说我原本不是广西人。

我的父系祖籍在江苏省无锡市，无锡市郊区毛竹桥是过姓的聚居地之一，过氏宗祠在今无锡惠山“天下第二泉”附近。我家在无锡市中心曾有一幢占地很大的祖屋，前门是市中心主干道中山路，后门是条运河，我们家还有个小码头。每每秋收，毛竹桥的船就停靠在码头上，租户就把田租粮搬进家里来。房屋中间有一处大天井，天井里有口井。爸爸说，每到夏天，把西瓜放进井里泡一会儿，捞起来，很好吃。20 世纪 50 年代无锡市扩建中山路，那幢祖屋连同屋后的运河被填平了。

父亲在 1949 年 10 月作为中国人民解放军第四野战军南下工作团的一名成员步行进入广西。来广西之前是清华大学中文系的三年级学生。父亲早年离家于上海求学，后因参加学运在上海待不下了，便通过考试转学进清华大学中文系。到了北平很快又投入火热的革命洪流中去，参加学运、保校。北平解放，弃学从军，参军南下，跟着中国人民解放军第四野战军南下工作团总团长陶铸，打过长江去。广西解放后，他没有返回北京继续在清华大学完成学业，也没有留在部队里，而是受文学梦的影响，到第一线战斗、到火热的生活中去，他主动要求下地方，于是便留在了广西。先是参加土地改革运动，接着在柳州干部学校为地方培养干部。后来又参与办报纸，先后参与创办《柳州群众报》《宜山农民报》《桂西日报》等。1957 年，武汉歌剧院看中父亲主创的侗族歌剧剧本《秦娘梅》，计划将《秦娘梅》作为庆祝中华人民共和国成立十周年献礼剧目进京演出。而珠江电影制片厂也约他将《秦娘梅》改编成电影剧本。可以说，为了文学梦，家父放弃了在首长身边工作的机会，放弃了留在清华大学成为“大师”的机会。

1964 年 6 月 18 日我来到这个世界。那个时候，父亲已下放到象州县文化馆任副馆长。我出生不久，父亲成为花山村五七干校首批人员，种菜成为他的职业。1978 年 6 月，父亲坐着干校的手扶拖拉机，扛着铺盖最后一个离开干校。1964 年，母亲先是下放到融安县一所医院，从事清洁卫生工作，后调到父亲下放的象州县，在县人民医院食堂做炊事员。1978 年 6 月的一天周末，我从 10 多里外的象州公社五七中学北山分校回家挑米，才知道父亲回家了，不用在干校种菜了。那天我很困惑，不种菜了，老爸还能做什么呢，还有什么能让他做呢？

母亲姓杨。据我的太外公讲，他的祖上是从贵州麻江搬到融水，后又到三江的。老祖则是在湖南麻阳，也就是今湖南省怀化市麻阳苗族自治县。我的外祖家族在 1950 年以前一直是当地湖南会馆的会董，大凡会馆的大事，他们都作为核心人物参与。

母系家族来广西的原因至今仍是个谜。母系家族的神龛上祭祀的祖宗是“十三兄弟”，十三兄弟全都为异姓兄弟，不是同宗共祖。在过去相当长的日子里，大凡祭祖都是秘密进行，各色祭品与一把大剪刀并列，外人不得而知。外公曾告诉我，“十三兄弟”犯官事后逃了出来，有的到贵州，有的来广西，有的还留在湖南。今湘、黔、桂的一些苗族、侗族地区有部分杨姓人家的字辈与我母系家族相同，都是“再正通光昌”或“再正通光昌盛秀”等。我的外祖父叫杨再谋，我母亲原名杨正英，我的同辈老表叫杨通引、杨通照等。我的母系家族成员比较复杂，有苗族、瑶族、壮族、侗族和汉族。

我是个独生子。据母亲说，能养大我都算不错了。我很早就过着半独立的生活，曾寄养在别人家里。搞得相当长的时间里常被人讲我是接来养的。我自己也曾这么认为。1978 年 8 月，一家三口团圆，那时我 14 岁。不久，家父为了未灭的文学梦，具体地说是《秦娘梅》梦，在上级组织征求他的意见为他安排工作的时候，他毫不犹豫地选择到 20 世纪 50 年代创作《秦娘梅》的地方——广西三江侗族自治县，在县文化馆搞创作，顺带编辑内部文学期刊《风雨桥》。

我是在广西象州县象州公社十里大队花山生产队的花山村小学接受启蒙教育的。

花山村是一个很美丽的小山村，背靠东岗岭，罗秀河大引水渠从村边村绕过，村的中央及四周有几处大池塘。这里土地肥沃，旱涝保收。

花山村分成两个以姓氏家族为核心的自然屯，东头是“覃家”，西头是“廖家”。覃姓人讲麻盖话（客家话），廖姓人讲白话（粤语）。他们都是很早以前从广东、福建迁徙来的。花山村小学坐落在覃家与廖家之间的一个晒谷坪旁，是一间泥墙青瓦的旧弃谷仓。我的课桌就安放在大门进去的第一排。我们这里是初级小学，只有一、二、三年级。三个年级共一间教室、一块黑板。我们只有一名老师，叫张永明，校长是他，语文、算术、音乐、体育、农业老师也是他。上午每个年级上一小时的课，先是三年级，然后是二年级，轮到我们一年级时老师和学生肚子都饿扁了。

课间活动便是打“台球”（我们管乒乓球叫台球）。把黑板取下来铺放在讲台上，轮流上台，谁输谁下台。体育课常常在下午上，一上就是一个小时。女同学自由活动，男同学分成两组打篮球。学校只有一个篮球，收藏在张老师家里，只有上体育课才拿出来。张老师在晒谷坪的两头用粉笔画两个比篮球大一倍的圆圈，然后将球抛给我们争抢，谁把球放在圈里的次数多谁就赢。

我们还有另外一门重要的课程就是种田。花山村小学有 3 块田，大约有 2 亩。廖家的学生人数最多，便种那块最大的；覃家学生最少，种那块最小的。从犁田、耙田、插秧、耘田到收割，全由我们自己干。虽然我不是农家子弟，但我 7 岁开始学习包括种田在内的绝大部分农活。几年之后我便成为一名插田好手。

每个月我们都要到十里大队小学参加体育运动会等

活动，我们很乐意参加这些活动。每每天刚亮就起床，准备好中午饭便出发了。到大队小学要走 10 多里的山路，我们一边走一边玩，有果子的季节采果子，有蘑菇的季节就寻蘑菇。

那个菜园是很有名的，出产的瓜菜是当地的良品。每到收获季节，我的书包里便多了一袋瓜菜种子。这个时候，张永明老师便停下课，很细心地把种子分给同学们。放学后，同学邀我去家里吃粥，每每会得到半个熟鸡蛋。

花山村使我获得了在那个岁月里在城市难有的欢乐，也使我有了一手干农活的技能。

1980 年 8 月，我从三江侗族自治县来到广西的首府南宁市，这是做梦都未曾敢想的。5 岁那年，妈妈送我去三江侗族自治县丹洲乡雷洞村的外婆家时，路过柳州市，我很激动和羡慕。柳州人天天都“赶街”，街上热热闹闹，人来人往。而在花山村，每隔 3 天县城才有一回圩日，当时我们要走 10 多里山路才能到街上玩，吃根 2 分钱的雪条都能让人做几个晚上的梦。而今南宁街上人更多。

1982 年 7 月，刚刚适应城市生活、听得懂白话（粤语）的我便告别了学生时光，结束了令人留恋的学生生活。当知晓三江中学有二十几个同学来南宁读书时，说不难受是假的。当时内心极为冲动，总想找人诉说。1982 年 10 月的一个夜晚，18 岁的我第一次尝到失眠的滋味。睡不着，半夜爬起来，拿起笔乱写一通。第二天中午，把几千字的东西抄写在稿纸上了。其实，那个时候还真的不知道什么是小说，恰好家里有中国作家协会主办的《民族文学》，于是，当天下午就把稿子寄出。稿子也没有抄写第二份，若是稿子寄丢，有可能就没有后来的过竹了。没想到，第一个听我诉说的《民族文学》编辑王文平先生在 1983 年元旦前夕告诉我，要将我的故事转述给更多的人听。稿件采用通知书是于 1982 年 12 月 31 日接到的，记得那天我的高中同桌汤勇把信交给我时，父亲说了声“以后信件寄到家里来”。我肯定，父亲是笑了的。1983 年的元旦，过得很愉快。后来，这篇小说发表于《民族文学》1983 年第 9 期，那年我 19 岁。

王文平先生的来信使得桂黔湘苗族地区多了一个文学青年。1983 年 1 月，我告别居住 2 年多的南宁，踏上寻梦文学之路，我也因此成为背包客，走村串寨，拉山放排，行歌坐月，梯田牧歌。由于有在花山村的那段经历，我很快就融入苗山的生活。这个后生在苦苦地追寻着一个梦。

1986 年 5 月，为了一个饭碗，我从苗山带着一身的火烟味回到南宁城，顶替母亲的工职，坐进了广西师范学院后门的门卫室。这个属于我的小小世界，可任思绪飘飞。如果是在上午，小屋倒还凉快，我便将桌子移到窗前，或看书，或写小说。门卫工作比较轻松，只是有时候来往车辆密，要常起身开关大铁门，因而思路时断时续。不过后来倒是练出了功夫，文章作了一半，可以与朋友闹个三五天，回来拿起笔又可继续作下去，不受什么影响。

小屋的生活是短暂的。1986 年 7 月中国民间文艺家协会选送我到北京大学中文系进修民间文艺学。办妥了停薪留职手续，于该年 9 月，待接替我看门的人来了之后，我便辞别那间小屋，踏上了北去的列车。

离开小屋很久很久了，如今小屋尚在，当年与我一块看门的两名同事也都退休了，小屋里坐着的是衣冠整洁的保安。因父母住在师院里，我经常从小屋的门前走过。有许多时候我仍感觉里边坐着的就是我。

而远在象州花山村的那个菜园，父亲离开之后便无人照管，逐渐荒芜，花山村村民再也没能从那个菜园免费获得好种子了。花山村也与县城连成一片，张老师和那些同学我一个也没碰到。

过去的日子一直让人难忘。不管怎么说，它给了我许多许多在那个年龄里本不该有的生活经历，或许是那份经历，让我能从待业青年、大学看门的合同工，到写小说、搞学问的文人，成为世人眼中的“学者”。

在众多的文学寻梦者中我算是走运的。虽然未能上大学，但在更为拥挤的文学之桥与学术之路上意外获得他人垂青。《民族文学》的王文平先生将我的小说处女作《我有一支苗笛》推出，使我步入文坛；《民间文学论坛》的李路阳女士、吴超先生将我的论文处女作《“葫芦”说》推出，促我迈进学坛。特别是“广西各族民间文艺研究丛书”主编范阳、丘振声先生将我的学术处女作《苗族神话研究》推出，奠定了我在学术界的基础。这本书还获得首届（1979—1988 年）全国少数民族文学研究优秀著作奖，第二届（1989—1992 年）广西民间文艺优秀成果一等奖，第二届（1989—1992 年）广西文艺创作铜鼓奖。

1986 年，中国民间文艺家协会选送我到北京大学进修，我是此次行动的受益者。在著名的北大，我受教于费孝通先生和段宝林、费振刚、屈育德、倪其心等教授，读了北大图书馆的许多馆藏著作，拓展了学术视野。

我确实很幸运。1988 年 6 月，我这个合同制工人获广西社会科学院破格接纳，一年之后便破格评定初级专业技术职称，1992 年破格评定中级专业技术职称，1994 年破格评定副高级专业技术职称。1995 年担任广西民间文艺家协会副主席一职。

人生没有如果。于父亲 85 岁那年，我陪他去昆明参加学术活动。路过云南大学李广田故居时，家父触景生情，说到在清华大学中文系的恩师李广田先生。父亲说，如果当时留在清华读书，毕业后说不定留校。那时清华大学中文系就 30 多个学生，而他们三年级只有 5 位学生，宝贝得很。李广田先生是地下党，家父为其得意门生。1949 年 9 月至 10 月，李广田先生推荐家父南下时创作的系列行军随笔在北京的报刊发表。后来李广田先生出任云南大学校长，家父肯定是跟随者。家父说，过去的选择没有如果，这一生的选择当中倒是有得意之处，就是 1980 年选择到高校教书。去的是一所新校。他说新学校的好，一切都是新气象。他有点得意地说：

“相比同时代的人，他们离休了就没事做了，哪像我，嘿嘿，似乎有点越老越值钱。”在学校里，父亲潜心治学，出版独著、合著等 65 部。

人生真的没有如果。

但，如果心中有个菜园，能在菜园里一直寻梦，那将是多美好、多惬意的事情。